# 你的推销能力价值百万

## 签单率超过 90% 的成交秘诀

金源◎著

黑龙江教育出版社

图书在版编目（CIP）数据

你的推销能力价值百万 / 金源著. -- 哈尔滨 : 黑龙江教育出版社, 2017.9
（读美文库）
ISBN 978-7-5316-9624-7

Ⅰ. ①你… Ⅱ. ①金… Ⅲ. ①推销—通俗读物 Ⅳ. ①F713.3-49

中国版本图书馆CIP数据核字（2017）第236073号

你的推销能力价值百万
Nide Tuixiao Nengli Jiazhi Baiwan
金 源 著

责任编辑 徐永进
装帧设计 MM末末美书
责任校对 程 佳
出版发行 黑龙江教育出版社
（哈尔滨市南岗区花园街158号）
印　　刷 保定市西城胶印有限公司
开　　本 880毫米 × 1230毫米 1/32
印　　张 7
字　　数 140千
版　　次 2018年1月第1版
印　　次 2018年1月第1次印刷

书　　号 ISBN 978-7-5316-9624-7　　定　　价 26.80元

黑龙江教育出版社网址：www.hljep.com.cn
如需订购图书，请与我社发行中心联系。联系电话：0451-82533097　82534665
如有印装质量问题，影响阅读，请与我公司联系调换。联系电话：010-64926437
如发现盗版图书，请向我社举报。举报电话：0451-82533087

# 前　言

Preface

“从前，在美国，有一位名叫乔治·赫伯的推销员，成功地将一把小斧子推销给时任国家总统的小布什。布鲁金斯学会得知这一消息，把刻有‘最伟大的推销员’的一只金靴子赠予了他。布鲁金斯学会在表彰乔治·赫伯的时候说，金靴子奖已空置多年，学会一直在寻找这么一个人……”

这个故事估计全世界做推销的人都知道了，但问题是：这位叫乔治·赫伯的推销员是如何做到的呢？本书第二章第三节中有明确的案例介绍和剖析。这本书是由103则须知、96则策略和62则案例剖析组成的。它们与“将斧子卖给总统”的故事同样精彩。

本书只为那些准备将产品卖给总统的推销员服务。何以见得？随便抽出书中引用的名言就知道了：

化妆品推销员玫琳·凯说：“你最终的推销结果，绝不会多于你所得到的肯定。”

美国寿险推销大王乔·甘道夫说：“从首次与保户接触至签订合同，我始终在推销思路、概念和解决问题的方式。”

美国联合保险公司董事长史东说："决定在于推销员的态度，而不是客户。"

美国汽车推销大师乔·吉拉德说："买过我汽车的客户都会帮我推销。"

客户关系教练哈维·麦凯说："业绩第一，是因为服务用心程度第一。"

推销教练博恩·崔西说："客户见证讲的任何一句话，比你说100句话还管用。"

日本推销大师原一平说："顾客并不总是正确的，但让顾客正确往往又是值得的。"

推销大师汤姆·霍普金斯："挠到客户的痒处，你就有成交的希望。"

请看，乔治·赫伯、玫琳·凯、乔·甘道夫、史东、乔·吉拉德、哈维·麦凯、博恩·崔西、原一平、汤姆·霍普金斯，这些一流的世界推销教练，无一不是在向全世界的推销员传授100%成交的主要奥秘——建立信赖感、教育顾客、情绪达到巅峰状态、主动成交、超值完美服务、专业制胜、客户需求分析、灵活应变。

回到"把斧子卖给总统"的故事。多年后，这位名叫乔治·赫伯的推销员在一次演讲中无意间说了这样一句话：

"总统缺少一把斧子，名不见经传的你拿什么推销给他？"

这句话，曾被美国上千万推销员像推崇乔治·赫伯一样所推崇。其实，乔治·赫伯只不过用一把无形的“推销大斧”，将一把有形的斧子卖给总统罢了。作为普通推销员，如果您手中拥有强大的无形的 “推销大斧”，倘若当时也在场，您同样能将一把普普通通的斧子卖给国家总统。

世界上的真理，只为寻找它的人存在。现在，能够撬开总统心门的8板无形“推销大斧”就在眼前。抽出生命中最宝贵的几个小时，将8板助您成交亿元大单的斧子认领回家吧——

我没有理由向读者推销任何一本书。唯一的理由就是：我对这本书保持120%的信心。我120%相信这本书能帮您成交，帮您富有，帮您更加强大！

在您人生的所有成交中，购买《你的推销能力价值百万》将是最正确的决定之一。

# 目　录

Contents

# 推销第一能力：与客户建立信赖感

你最终的推销结果，绝不会多于你所得到的肯定。

——化妆品推销员玫琳·凯

# 客户凭什么相信并购买你的产品

## 何为推销之本

一位律师在谈到自己的成功时说：“这当然要归于我出色的法律专业知识，可我成功的根本原因是我一贯信守诺言。如果我答应了我的委托人在某一天准备好一份文件，我到时就一定准备好。时至今日，有这种品质的人不多，而你具备了这种品行，人们就会认为你是个优秀的人。”

守信用是一种最好的能力，它能赢得别人的信赖。在推销当中，守信乃推销之生命，如果失去了信用，也许买卖就会泡汤。

当你和客户在一起的时候，有必要常常想起那个放羊娃的故事。

那个放羊娃，赶着他的羊群，到村外很远的地方放牧。放久了，他觉得实在太无聊，于是就大声向村里人呼救，谎称有狼来袭击他的羊群。开始两三回，村里人都赶紧拿着锄头、镰刀等工具急急忙忙地跑来帮忙。后来，人们渐渐发现自己被捉弄后，都悻悻地走了回去。再后来，有一天，狼真的来了。牧羊娃对着村里拼命呼喊救命，村里人习以为常了，却认为他又在像往常一样说谎，没有人再理他。结果，他的羊群全被狼吃掉了。

信用分小信用和大信用。大信用固然重要，但大信用是由许小信用累积而成。有时候，守了一辈子信用，只因失去一个信用而使唾手可得的生意泡汤，好比柱子被白蚁蛀坏而使整房子倒塌一样。推销高手们是最讲信用的志向高远的推销员。他们有一说一、实事求是、言必行、行必果，对客户以信用为先，以品行为本，使客户信赖，使用户放心地同自己做买卖。

## 推销员上门推销注意事项

前往客户家进行拜访时，你所驾驶的车子必须停在离客户家稍远的地方，约一户人家的距离。这样一来，就可以利用到客户家的这段距离最后调整一下心情。

在敲门前，手里最好别拿任何有关推销的资料，因为那很容易使你变得紧张兮兮。你空着两手，站在客户的面前就会很自然地做自我介绍。

在推销过程中，当客户需要他人帮忙时，你必须积极地主动帮忙。虽然这是件很简单的事，但却容易被推销员忽略而影响交易。

即使所推销的产品只是一颗毫不起眼的石头，但你仍须以天鹅绒将它包装起来后展现在客户眼前，以强调出它的特质和价值，这是推销界最著名的比喻。利用这种方法的意义在于让客户相信，即使是外表普通的产品，也蕴含着丰富的价值。

为了加深客户对产品的印象，在进行产品说明时，必须将它的特征放在最后说明。

在商谈成交的最后阶段，要先观察在这个家庭中，谁是财政收支的决策者，因为客户家中可能有老人和孩子，或者夫妇双方都在场，所以你必须观察谁是购买的决定者。

如果上门推销的对象是一对年轻的夫妇，你要考虑他们目前的经济状况。大多数年轻夫妇虽然在经济上稍感拮据，不过他们总是会在外人面前尽量隐瞒。他们思想乐观，想要改变现状，如果推销员能表现出诚心交往的态度，他们是不会拒绝交易的。

对于这类客户，你必须表现出自己的热诚。进行产品说明时，务必刺激他们的购买欲望。在交谈中不妨谈谈彼此的生活背景、未来、情感等问题，这种亲切的交谈方式很容易促使他们的冲动购买。

上门推销最重要的是和对方交朋友，让对方能信赖你。你必须对其家人表示关怀之意，而对其本身，则予以推崇与肯定，同时说明产品与其美好的未来有着密不可分的关联。这样一来，对方在高兴之余，生意自然成交了。

## 如何把握最初接触的40秒钟

推销能否成功，关键在于最初接触的40秒。

要想给客户留下成功的第一印象，就要有良好的专业形象。推销员一定要注意仪表，一站出去就是成功的样子，让客户眼睛发亮。

仪表、服装、发型、配件、公事包、皮鞋、袜子，任何一个小细节的疏忽，都会造成无可弥补的损失。推销员一旦被客户看“扁”，以后再怎么跑都没有用，相反如果一个推销员看起来神清气爽，格调高雅，眉宇间透露着自信的神采，让人有乍见之欢，那么成交起来就非常容易。

和准客户接近是面谈的前奏。得体合适且能引起双方共鸣的接近，往往可以掌握到百分之七十五的成交率。所以，每个绩效傲人的推销员都秉持着共同的理念——在准客户开门的那一刹那，把准客户的心门一并打开。

顶尖推销员在进门那一瞬间，他们一眼就能吸引周遭人的视线，全身散发出迷人的魅力。他们光凭短暂的接触，就能给人深刻难忘的印象。

推销员永远没有第二次机会去扭转第一印象。如果你被摒弃在大门之外，纵然你拥有全世界最高明的推销技巧，也无用武之地。所以，你的外表要相当吸引人且具有专业水准。

你要给客户留下好印象，还要具有高度的专业化知识，对客户提出的问题，对答如流，使客户认为你是一个专业的、训练有素的推销员。

## 客户凭什么购买你的产品

想让别人对你有长久的好印象，最有效的方法，就是帮助对方加强自我形象。

很少有人静下来仔细探索这个问题：客户是冲着产品品质，还是服务品质，付钱买下我推荐的产品的？

很多推销大师成功的秘诀之一，就是给客户高品质的“服务”，真正取悦于他们。

什么是高品质的服务呢？要怎么进行呢？首先让别人喜欢你。凡是能这么做的人，客户的维持必定能够天长地久。若做不到这点，则注定终生与成功、财富无缘。

对于这种说法，有些人可能会质疑：如果我的产品质优、精、纯，效果一流，价格又非常公道，还怕没有识货的人吗？我的目的是赶快把产品推荐出去，又何必提供什么高品质的服务？学一些使别人喜欢你的技巧有什么用呢？产品好，就可以卖出去了。其他的事，一概不重要。

这绝对是一种错误的观念。如果真是这样，那么谁都可以做推销员了。

能够在很短的时间内赢得别人对你的喜爱，是任何一位推销员必须学会的技巧。熟稔之后，你的推销将更省时、省力，你的客户会持续订货，你的组织不断扩张，很快，你就会成为推销高手。

如果你真正期望使推销成为向他人提供高品质服务、令人喜爱、兴奋的工作，如果你愿意知道你能做到什么程度，那么——请稍微调整你的观念、心态，改变你的推销技巧，从尊重客户开始，彻底把“推销和品质服务”画上等号，在进行产品推荐之前，想尽办法让客户一见投缘，马上喜欢你。

## 如何使客户愿意与你接近

你能使用的最基本的模仿技巧，是仿效一个人的身体语言。如果模仿得像，你很快就会使某人愿意与你接近。

你与另一个人，站着或坐着，前倾或后倚，这些非常普通的例子向你说明巧妙的模仿是多么有效。如果你想给某人留下好印象，模仿他的举止将是非常有成效的。

你可采取下面这些做法：

首先，你可以模仿这个人的站立姿势。如果他是站着的，你也站着。如果他斜着站，或斜靠着桌子，你也斜着站。如果他站得笔直，直得像根电线杆，你也站得笔直，直得像根电线杆。

你也可以模仿这个人的坐姿。如果他向后靠着坐，你也可以向后靠。如果他向前倾着坐，你也可以前倾一点。

千万注意：模仿某人身体语言不等于故意模仿这个人。可以设想一下，在你小时候，你企图激怒一个孩子的情景。你去惟妙惟肖地模仿这个孩子。连5分钟都用不了，你的模仿很快会使这个孩子非常生气。在这种情况下，你模仿的对象可能开始大喊大叫，埋怨或指责你模仿他的身体语言给他带来的不快。

作为一个成年人，如果你的目标是让某人愿意与你交往，你就不要走向那种极端，你要考虑如何去巧妙地仿效某人。

使自己看起来多少与那人相像，以便给他留下好印象，而不是成为他的翻版。

不难发现，每个人都愿意与像自己的人交往。

## 拿到订单后不能溜走的原因

拿到订单之后，你没有必要直奔门口而去。就当作认识了一位新朋友，你得多待一会儿。让客户再次确信他对于你并不仅仅意味着丰厚的佣金，要让他知道你在乎他，关心他。不管有多少别的客户在等着见你，你都要和你此时的客户稍微谈几句，让他明白你对他感兴趣的原因并不是赤裸裸的金钱因素。

如果客户的签字墨迹未干，推销员就已经走出大门了的话，应该没有什么比这种行为更能引起客户的怀疑了。这种事一旦发生，客户就会变得满腹疑虑，因为这种行为传递了一种信息——你唯一的目的就是赚到钱就开溜。

这种行为还证实了一些客户心中的想法：“推销员总能设法

缠着你购买，但是你一旦付了钱，就别指望在需要的时候再见到他们。”如果这些念头浮现出来，客户就会变得很生气。更糟的是，他们会急不可待地取消订单！

有些推销员却认为他们离开客户的办公室外应该是越快越好，其依据就是相信客户会改变主意，趁他们还在场时要回货款！而实际上，推销员如果像蝙蝠出洞一样急欲先走，往往会让客户产生怀疑，以为推销员一定瞒着什么东西。结果交易真的就泡汤了。

## 客户除了需要产品还需要什么

有一名推销员到一家商场去推销，这家商场是他的老客户。当他走进经理室时，经理显得非常高兴，热情地招呼这位推销员坐下，兴致勃勃地说：“我告诉你，我女儿考上大学了！”结果，这位业务只点了一下头，接着就问：“您看下月的货订多少？”经理一下子脸色沉了下来，没有说话。这位推销员又问：“您看下个月的货……”经理没等他说完，挥了挥手，不耐烦地说：“下月不订了！”推销员又问：“那以后呢？”经理干脆说：“以后你别来了！”

这个推销员犯了什么错误？大家全都明白。但是，这是比较明显的情况，在许多类似但是不明显的情况下，你有没有犯过同样的错误？肯定有。

许多推销员，他们心里想的，眼睛看见的，只有订货以及订货之后的金钱，尤其面对那些一次性交易的客户时，这种心情更是溢于言表，让人看见了感到很不舒服。

有一些推销员以为自己的表演才能比较突出，在客户面前演戏，以为客户看不出来。岂不知，大部分的客户都要比推销员的人生经历丰富。大部分的客户，对虚伪的推销员表现出来的虚伪一眼就能识破。毕竟，他们见过的推销员要比你多得多。

客户需要的，不仅是你的产品，还有你的友谊与尊重。产品是很多人都能提供的。而友谊和尊重却不是如此。

想一想，花费同样的价钱，在一个推销员那里，只能买到单纯的产品，在另一位推销员那里，却还能换来友谊与尊重，你做什么样的选择呢？

据一项调查显示，68%的客户更换供应商，是因为对供应商的推销员、服务质量和服务态度不满意。他们因为自己受到了怠慢，而不是因为对产品的质量不满，断绝了与你的联系。

# 如何让客户为你做义务宣传

## 建立信心靠什么

有一位卖地板清洁剂的推销员，到一家饭店去推销。刚推开经理室的门，他发现先一步已有一家公司的推销员正在推销地板清洁剂，而且经理已表示要购买。后进来的推销员凑过去看了看说：“经理，我也是推销地板清洁剂的，不过我的产品质量比他的好！”

先到的推销员瞪起眼睛说：“你怎么见得？”

后进来的推销员，将自己推销的清洁剂往地上一泼，擦了两下说：“你来！”

先进来的推销员呆了，不知道怎么对付。饭店经理看了对先来的推销员说：“你以后别来了，我要这家的了。”

如果推销员与客户打交道时没有积极的心态，在客户面前就会成为木头人。

后来的推销员卖的清洁剂，一定比先来的推销员卖得好吗？不一定。先来的推销员完全是输给了自己的心态——不要对自己失去信心，即使真的没成功，也不要失望，因为这也在情理之中。推销对象也是人，只要是人就有感情，坚持到最后，不信你推销的话不令他心动。

多想自己所拥有的优点。当你被自卑的情绪袭击时，不妨在心中对自己说，我一定行，没有我办不到的事。

说到底，推销员的信心要靠自己建立。

## 一瓶家乡酒带来的意外效果

有位任职于某企业的经理，曾讲述了一件令他很感动的事。

有一位任职于他客户公司的年轻推销员，有一天拿了一瓶他们家乡的特产酒来送给他。几经问询才知道，原来不久之前，在他们一起喝酒的时候，这位年轻的推销员向他表示，他们家乡所酿的特产酒味道不错，结果这位经理就不经意地向他表示：方便的话，哪天送他一瓶。这位年轻推销员果真没忘记他们之间的约定，把酒送来了。这种诚意着实使这位经理深深感动。

一般来说，不信守约定被认为是一种不道德的行为，但喝酒时所定的约却是例外，因此若能遵守喝酒时的约定，将会让人刮目相看。

事实上，想让人留下深刻的印象，“意外感”所占的比例往往是相当大的。因此，若想给人留下深刻的好印象，就必须遵守一些非正式的约定，这样对方将会因感到意外而留下更深刻的好印象。

## 如何让客户真正喜欢你

客户是你的一面镜子。你看客户像什么，你就是什么。当你真心喜欢客户时，客户才会真正喜欢你。

一个好的推销员天生喜爱他人，也一直在试图让别人快乐。如果你能让客户或潜在客户感觉到，你是真心喜欢他们，也非常敬重他们，那么你的推销将会无往不利。

“每个人都与众不同！我们每个人都自我感觉良好，别人也这么想。无论见到什么人，你都应该竭力想象他身上显现一种看不见的信号：让其感觉自己很重要！”玫琳·凯化妆品公司创始人玫琳·凯·艾施如是说。

玫琳·凯之所以成为美国历史上最成功的女商人之一，主要是因为她懂得如何让别人自我感觉良好，从而达到推销的目的。

设法让客户知道，你对他们真的很感兴趣。

在产品推销过程中，你如何对你的客户真诚地感兴趣呢？

第一，无论他是什么人，你都必须真心地尊重他，让他体验到你的真诚。

第二，对他们的职业感兴趣，并且学会恰到好处的称赞。

第三，要记住客户的生日，并在他生日的时候进行祝贺。

第四，要发现对方的兴趣点，并注意满足它。

你对别人感兴趣，是在别人对你感兴趣之前。所以，你要推销，首先就要对你的客户真诚地感兴趣。

## 寿险推销员与乔·吉拉德成交的秘诀

相信我们的产品。在你准备向别人推销产品之前，你必须百分之百地先把自己说服。否则，你就无法去打动别人。不管你伪装得如何巧妙，人们迟早会把你一眼看穿。

当推销员坚信自己的产品很有价值，并且要向客户提供这些产品时，说服力就会出现。世界上顶级的推销员都是在尽力向他们的客户提供好处，而不是急于拿到大笔佣金。要是让金钱成了你主要的驱动力时，那你就很少能成功。客户们能够从推销员的眼睛里读懂金钱的欲望，这种欲望的确在某些人的脸上或多或少地表现出来。但你必须优先考虑客户的利益，而把自己的利益排在其次。

把赚钱的念头抛在脑后吧！当你留心守候，找到满意的客户时，大笔的佣金自然而然就会落入你的口袋。

不管你推销什么产品，你都应当先购买一个。曾经有一位寿险推销员想卖给乔·吉拉德50万美元的保险单。乔·吉拉德就问他自己买了多少。“嗯，我投了两万五千美元的保，乔。”他压低了嗓音回答。自那以后，不管他说些什么，乔·吉拉德再也不相信他。几个星期之后，乔·吉拉德对另一位寿险推销员提出同样的问题，对方充满自信地告诉乔·吉拉德，他买了100万美元的保险单。因为他的话很有说服力，乔·吉拉德决定从他手上买下一份大额保险。

想象一下，当你走进一家高级男士服装店的时候，接待你的营业员却穿着一身极差的便宜货！或者发现化妆品柜台后面的女人根本就未施粉黛！或者遇上一家健美中心的推销员要你购买终身会员证，而他自己却体态臃肿！面对这些情况你会相信他推销的东西吗？

## 推销黑白珠子法则

推销就是一场拉锯战游戏。第一回合：一方推，另一方拉；第二回合：刚才推的人拉，刚才拉的人推。推销永远处于一个互动的过程。所谓“推”，就是付出，或者说是“借出人情”。只要借出的人情大于积欠的人情，那你的人脉就会好。

美国推销专家詹森的桌子一直放着两个瓶子，瓶子旁边放着许多颗黑白两种珠子。这两种珠子被詹森喻为：“借出的人情”和“积欠的人情”。假如今天欠别人一个人情，詹森就在“积欠的人情”瓶子里放一个黑珠子。假如今天给别人一个人情，他就在“借出的人情”瓶子里放一个白珠子。詹森永远使“借出的人情”这个瓶子保持双倍满。

如果你准备向别人推销某种产品，在开口之前，你最好检查一下你的两个瓶子：是“借出的人情”多，还是“积欠的人情”多？如果是“积欠的人情”多，你的推销难免会碰壁。这就是“黑白珠子法则”。

我们在客户的感情账户中，要多储蓄，少赊欠。

作为推销员，每天要问一下自己：今天我为客户做了什么，为客户付出了什么？而不能只想到我今天从客户那里赚了多少钱，以后还能再赚多少钱。

## 如何使自己与众不同

也许你是个记得朋友生日的人，或者当客户升迁时会给予祝贺以及跟客户的距离只有一通电话之遥的人。但是，当每个人都开始这么做时，会发生什么事呢？那就是你不再特别了。

那么又如何使自己再次成为与众不同的人呢？你必须运用想象力，采取额外的行动。

（1）你的穿着要有一个成功者的样子。你给客户的第一印象95%是由穿着打扮而来的。

（2）你要有专家的学识和智慧。你懂得越多，表示你越有内涵，内涵是一种非常珍贵的东西。没有人会喜欢与没有内涵的人在一起。

（3）不要再寄商业新年卡了。不要迷失在人群中。寄劳动节卡片，而非新年卡片。你的卡片可能会给别人一个不一样的印象。

（4）做别人意料之外的事情。

比利·葛拉汉是一家跨国公司的总裁，公司拥有80亿美元的资本，有6 000位员工，在全世界20多个国家开展业务。有一次，他与一些职员用餐时，当女服务生认出比利时，她的托盘掉在地上，菜全都散落四处。葛拉汉立即跃起，并帮她清理混乱的场面。我们有多少人会伸手帮助别人化解尴尬呢？比利·葛拉汉的举止顾虑到他人的感受，他确实与众不同。

（5）送一件有创意的礼物给他们的孩子。

如果你可以送给她10岁大的儿子一个有他最喜爱的球员签名的足球，或是让一位有名的人亲手写一张字条给她的女儿，要使她回电话大概不是件难事！

（6）说话风趣幽默，能给别人带来快乐和欢笑。

## 如何让客户为你作免费宣传

如何让客户为你作免费宣传?

最重要的是要打动你的客户。如果你所做的努力得到了他们的认可，或许他们就不会介意向周围的人推荐你的产品了。

你可以把他们中的一些来信作为你的促销材料。此外，你也可以把一些对你的产品表示很满意的来信放置于读者来信中。你还可以邀请一位读者来报道你的宣传活动，尝试着让他去采访一两位客户。你还可以邀请他们在你所举办的专题研讨会上发言。记住一点，客户在这方面的作用是任何宣传手段都不能替代的，他们的促销效果是你本人无论如何也做不到的。

除了满意的客户可能做你的宣传员以外，你公司的每一个员工也都是你最好的义务宣传员。

在一些大公司、大企业的办公室里，你常常可以看到挂在墙上的“本月最佳职员”的大幅照片。国外有一家专门生产喷墨打印机的公司，其打印机用于在不同的消费品上打印出厂日期。这个公司就有一套用以表彰公司职员的方案，包括提名、颁奖、举行欢庆大会，以及将本人照片镶在墙上，等等。此外，获奖者的姓名和照片除了将在公司内部刊物上发表外，还将出现在当地的报刊上。

公司这么煞费苦心到底是为了什么？很简单，就是向外界说明它是一个关心员工的企业，是一个工作的理想场所，因而也是一个能对你的事业提供资助的最佳伙伴。这样，一步一步地，公司的形象就树立起来了。

让客户为你作免费宣传的办法还有很多，你自己可以在实践中总结，只有一点必须牢记：永远让客户欢迎你。

# 建立信赖感案例剖析

## 日本企业家小池的推销故事

无论是你和客户说话交流，还是在客户面前做一些令客户感动的事，归根到底都是在推销你自己。如果你能够成功地推销自己，你就能赢得客户的信任。客户信任你之后，无论你推销的是什么产品，他们都有可能购买。

日本企业家小池先生出身贫寒，很年轻时就开始在一家机械公司担任推销员了。有一段时间，他推销的机械设备非常顺利，半个月内就拿到了25位客户的订单。可是有一天，他突然发现自己所卖的这种产品，要比别家公司生产的同性能产品贵了一些。这时他想：“如果让客户知道了，他们一定会以为我之前欺骗了他们，进而可能会对我的信誉产生怀疑。”

于是，内心深感不安的小池立即带着合约书和订单，逐家拜访客户，如实地向客户说明了情况，并请客户重新考虑是否还要履行合约或者继续和自己合作。

小池这样的举动，令他的客户深受感动。这些客户没有一个人取消订单，反而后来都成了小池义务的“口碑宣传员”，为小池带来了大量的订单，因为大家都认为他是一个值得信赖且诚实可靠的推销员。

推销的根本就是在推销自己。如果客户对你的产品有一种可以信赖的、放心的感觉，那么成功就在眼前了。为什么客户会对你的产品产生信赖和放心呢？因为客户首先相信了你。众所周知，广告宣传、售后服务等都是博得客户信赖的途径，但这些都比不上推销员内心的诚实与积极的态度更能赢得客户的信任。

当你能站在客户的立场上，设身处地为对方着想，并凡事都能以诚信为最高原则，那么你就能在客户之中建立起你的良好信誉，从而为你留住既有的客户，并迅速拥有更多的客源。信任你的客户，会帮你介绍新客户。如此这般，你的客户将会越来越多。这时，你的业绩又何愁不能迅速提升呢？

## 收割机推销员怎样赢得客户信任

只要能够打动客户，有时候不说话也是会说话。

有个推销员到一个农场去向农场主推销其公司生产的收割机。到达农场后他才知道，在他的前面已经有十几个推销员向农场主推销过收割机了，但是农场主都没有买。

这名推销员来到农场时，无意中看到农场里人行路旁的一块菜园里有几株杂草，于是便弯下腰去把这几株杂草拔除掉了。这个小小的举动完全被农场主人看在了眼里。

推销员见到农场主后，正准备介绍自己公司的产品时，农场主却阻止他说："不用介绍了，你的收割机我买了。"

推销员大感诧异："先生，为什么您看都没看就决定购买了呢？"

农场主说："第一，你刚才帮我拔草的行为已经告诉我，你是一个诚实、有责任感、心态良好的人，因此值得信赖；第二，我目前确实很需要一台收割机。"

推销有时候就是这么简单，只要赢得对方的信任，你就能一步到位，拿到订单。

事实上，客户对于产品的印象完全来自推销人员的谈吐和解说，对推销人员的第一印象，也很容易会转变成对产品的印象。因此，每个推销人员都要好好掌握与客户的每一个互动，以及注意本身的言行举止。

上述案例中，推销员的一个小小动作——拔除杂草，换来的却是成功的交易。

为什么会这样的呢？因为相比较于其他的推销员，他多了一颗为别人着想、懂得体贴别人的善良的心，而当这种善意充分让客户感受到后，赢得订单就是水到渠成的事。

## 汤姆·诺曼如何给客户写信

世界顶尖的推销员，都抱有一颗感恩的心。不论成交与否，他们都要寄张贺卡给拜访过的人，或打个电话表示感谢。当客户跟你购买的时候，你要感谢他；当客户不买的时候，你还是要感谢他。

汤姆·诺曼用信函来传达文字画面。他训练推销员在达成推销后一定要写信给客户。

汤姆坚持手写信函，从不用打印稿。甚至折信的方式他也非常用心。

例如他在信中写：

“对于您的款待我要表达个人的感谢。我非常高兴拜访您和您的家人。我很荣幸您选择我们的产品且能听您讲授易于它所带来的成果。我会和您继续保持联系，以便将来您有其他需要我服务的地方。同时，假如您有任何需要协助的地方，请不要客气尽管和我联络。”

“谢谢您，世界因为你而变得更为精彩，是您丰富了我的生命。”

这封信勾勒出一些画面，并给新客户一些不同程度的震撼。他让客户确信“我不会以为您买了产品便不再管你。”他勾画出推销员是以服务为导向。这个方法使他登上了推销的最高峰。

如果你能不断地感谢每一个人，他们就会发现你是他们见过最特别的一位，也是服务态度最好、最热诚的一位推销员。

经常和客户保持联系和友好往来。这样，有一天当他们有需要的时候，一定会购买你的产品。他们现在不买，并不表示永远不买。做生意要看长远。

推销活动中，千万不要吝啬于感谢别人，一张小小的贺卡，能够交到许许多多的朋友，也可能带给你意想不到的收获。

## 乔·吉拉德如何感动客户

人品重于产品。一位优秀的汽车推销员，肯定有一颗尊重普通人的爱心。他的爱心体现在他的每一个细小的行为中。

有一天，一位中年妇女从对面的福特汽车推销商行走进了乔·吉拉德的汽车展销室。

她说：

“我很想买一辆白色的福特车，就像我表姐开的那辆，但是福特车行的经销商让我过一个小时之后再去，所以先过这儿来瞧一瞧。”

“夫人，欢迎您来看我的车。”乔·吉拉德微笑着说。妇女兴奋地告诉他：“今天是我55岁的生日，想买一辆白色的福特车送给自己作为生日的礼物。”

“夫人，祝您生日快乐！”乔·吉拉德热情地祝贺道。随后，他轻声地向身边的助手交代了几句。

乔·吉拉德领着夫人从一辆辆新车面前慢慢走过，边看边介绍。在来到一辆雪佛莱车前时，他说：“夫人，您对白色情有独钟，瞧这辆双门式轿车，也是白色的。”就在这时，助手走了进来，把一束玫瑰花交给了乔·吉拉德。他把这束漂亮的花送给夫人，再次对她的生日表示祝贺。

那位夫人感动得热泪盈眶。她非常激动地说：“先生，太感谢您了，已经很久没有人给我送过礼物。刚才那位福特车的推销商看到我开着一辆旧车，一定以为我买不起新车，所以在我提出要看一看车时，他就推辞说需要出去收一笔钱，我只好上您这儿来等他。现在想一想，也不一定非要买福特车不可。”

后来，这位妇女就在乔·吉拉德那儿买了一辆白色的雪佛莱轿车。

正是这种许许多多细小行为，为乔·吉拉德创造了空前的效益，使他的推销取得了辉煌的成功。他成了美国汽车行业最伟大的推销员。

## 人们为什么愿意买王二做的豆腐

其实，每个人心里都希望得到别人真诚的关怀，哪怕是一句温馨的问候；每个人都渴望得到快乐，哪怕是陌生人给予自己的赞赏。

在一个小镇上，有两个卖豆腐的人：王二和张三。两个人年龄差不多，叫卖的腔调也差不多，都是尾部带着悠长的余韵。然而，这两人的生意却差太多了，王二的豆腐总是比张三的豆腐要好卖得多。

刚开始时，小镇上的人们都觉得非常奇怪，为什么卖的一样是白嫩的豆腐，两个人也都没有短斤缺两，为什么生意会差那么多呢？

后来，大家才渐渐发现了其中的奥秘。原来，同样是卖豆腐，但王二比张三总会多说几句话。比如，马老太太前来买豆腐，王二会边秤豆腐边问她：“马奶奶，您老身体还好吧？”要是看到有带小孩的太太来买豆腐，王二就会说：“这小孩长得真漂亮！像极了奶奶！”还会问小孩在家乖不乖之类的话。也就是说，在和每一个客户打交道时，王二都很会说话，而且他的话里尽是透露着亲切和关心。

时间久了，大家都把王二当成了朋友，即使今天不想吃豆腐，但听到了他的叫卖声，也一定要出去买一点回家放在冰箱里。原来，大家都感觉到，王二的每一句充满温馨的问候，都能让自己的心里感觉暖暖的。

反观张三，就完全不懂这些嘘寒问暖的话了，他只会吆喝生意，却不懂得对客户说一些体贴的话，所以，他的生意渐渐就做不下去，后来只好改行了。

先让客户信任你，拿你当朋友，从而在你面前卸下厚厚的心理防护盾牌，这样客户才会接受你的产品或服务——让客户从你那里获得快乐，这样你不但能轻松赢得订单，还能获得无数的朋友！

## 钢笔推销员的三明治推销法

所谓“三明治法”就是事先称赞对方，表扬对方，使对方的心情愉快，然后再拜托对方做什么事或者是委婉地批评对方。对方在被人称赞、表扬的情况下，很容易接受你的要求。这种方法往往运用于推销谈判，上下级沟通等领域，效果非常的好。

人际关系专家哈维·麦凯说：“赞美比批评永远来得重要。”

美国20世纪30年代总统克里吉有一位女秘书，很有才能却不擅长整理文件。克里吉总统有事找她时，便会说：“艾丽丝，你对服装的品位很高，尤其今天穿的长裙真漂亮……如果能够再多花点心思整理文件，我就轻松多了！”因为是称赞之后拜托的事，所以秘书将克里吉的话谨记在心，心里非常受用。

“有你这样品位高、能力又棒的秘书，我实在很骄傲！”克里吉总统再多加一句赞美语，让艾丽丝整个人活跃了起来。从此以后，艾丽丝工作的热情度高了许多，而且做事更仔细认真了。

“三明治”法也可以活用在一般的推销上。

乔先生是一位钢笔推销员。一天，他敲开一家化妆品公司总裁办公室的门。总裁正在批阅文件。乔先生站在门口，“××总，听朋友说您是一位对艺术非常有研究的总裁，今天看到您办公室的装饰和摆设，您根本就是一个艺术家嘛！有机会一定得向您学习。我非常羡慕贵公司的员工，能与您这样一位身具艺术家气质和企业家胸怀的总裁一起共事，真是荣幸。××总，我这里有一支非常适合像您这样有艺术品位的人用的笔。这个笔整个外观都在跳动着艺术的细胞。您看是留下一支还是两支呢？”

“多少钱？留下两支吧！”

这就是典型的“三明治”推销法。

## 玻璃推销员如何聚焦客户注意力

我们在接触客户的时候，常发现客户在忙着其他的事情。在这个时候，如果我们不能在最短的时间内，用最有效的方法来突破这些抗拒，让他们将所有的注意力转移到我们身上，那我们所做的任何事情都是徒劳的。

美国有一个推销安全玻璃的推销员，他的业绩一直都维持北美整个区域的第一名。在第一次顶尖推销员的颁奖大会上，主持人说：“你有什么独特的方法来让自己的业绩维持顶尖呢？”

他说："每当我去拜访一个客户的时候，我的皮箱里面总是放了许多截成15公分见方的安全玻璃。我随身也带着一个铁锤子。每当我到客户那里后我会问他，'你相不相信安全玻璃？'当客户说不相信的时候，我就把玻璃放在他们面前，拿锤子往桌上一敲。每每这时候，许多的客户都会因此而吓一跳，同时他们会发现玻璃真的没有碎裂开来。然后客户就会说：'天啊，真不敢相信'。这时候我问他们：'您想买多少？'直接进行缔结成交的步骤，而整个过程花费的时间还不到1分钟。"

当他讲完这个故事不久，几乎所有推销安全玻璃公司的推销员出去拜访客户的时候，都会随身携带安全玻璃样品以及一个小锤子。

但经过一段时间，他们发现这个推销员的业绩仍然维持第一名，他们觉得很奇怪。在另一个颁奖大会上，主持人又问他："我们现在已经做了同你一样的事情了，那么为什么你的业绩仍然能维持第一呢？"

他笑一笑说："我的秘诀很简单，我早就知道当我上次说完这个点子之后，你们会很快地模仿，所以自那次以后我到客户那里，唯一所做的事情，是我把玻璃放在他们的桌上，问他们：'您相信安全玻璃吗？'当他们说不相信的时候，我把玻璃放到他们的面前，把锤子交给他们，让他们自己来砸这块玻璃。"

与其证明产品是最好的，不如让客户自己说服自己购买。

# 推销第二能力：思维掌控术

从首次与保户接触至签订合同，我始终在推销思路、概念和解决问题的方式。

——美国寿险推销大王乔·甘道夫

# 用话语诱导客户的真心话

## 冠军推销的第一步

推销员进行推销的第一步就是选好自己推销的产品。只有那些你自己感兴趣的产品，你才会有兴趣去了解它，将它研究透彻。到你真正外出推销时，你可尽情地发挥自己的演讲天才。对客户提出的各种问题，你都能富有感情地加以解说。这样，客户看到你对这产品如此自信，心中的不安也就消失了，取而代之的是购买你的产品。

推销员在选择自己推销的产品时，要以严肃、认真的态度去对待。不可盲目地为赚大钱而去推销那些不适合自己推销的产品，这样做的结果只会适得其反。

连自己都不喜欢的产品，何谈去打动客户，更不必说将产品推销出去。

一种产品，推销员若是不喜欢，那么他就不会花工夫去了解、研究这种产品的作用，以及性能，也不会去了解这种产品的市场情况，更不会付诸以热忱去向客户推销。现在的客户都有自己的头脑，他们能从推销员的表情中捕捉产品的种种信息，从而决定是否购买。

对产品缺乏了解，这是推销不成功的最大因素。你不可能在对产品不了解的情况下，去对客户宣扬这种产品的好处、即使你能说得天花乱坠，也将是漏洞百出，很容易被客户抓住把柄。当客户问及你产品性能时，你只会机械地照着说明书宣读。这时，客户就会有一种受欺骗的感觉，对你产品的兴趣全无，也就谈不上什么去购买了。

## 富推销员日常使用的词汇

词汇的转换是每个推销员必须学习的功课。沟通过程中，使用不同的词汇，会产生不同的效果。一件令推销员很生气的事情发生了。推销员跟客户约好了见面地点，等客户在见面地点等了一个小时以后，客户才打电话告诉推销员，他事情太多竟然忽略了这次见面的约定。有的推销员会说："你做的这个事情太让我感到生气了，以后再也不想见到你了！"而有的推销员则会说："这件事情发生，的确非常遗憾，我想以后我们再选另外的时间见面吧。"

头一种方法和后一种方法表达的意思很接近，但是因为使用了不同语言，听起来却是天壤之别。这都是将负面词汇转换为正面词汇的功劳。

所有的顶尖人和普通人的差别只在一点：思考模式。一个人的思考模式（看问题的方法、角度，即思考问题的不同策略）越好，人生的成长度就越高。推销大师和普通推销员的不同之处就在于他们经常使用的词汇不同。推销大师经常使用诸如"资本运作率""财务杠杆""利润"和"现金"等词汇，而普通推销员挂在嘴边的词语是"经济紧张""生活困难""工作努力"和"补助金"，等等。

好的词汇带来好的运气，坏的词汇带来坏的运气。如果想增加成交的机会，就应该从增加使用推销领域的词汇入手。经常使用那些富人使用的词汇，不仅能赚到钱，更重要的是，还能留住钱。

在与客户沟通过程中，有着丰富经验的推销员，会把“购买”说成“投资”，把“买”说成“拥有”，把“谈生意”说成“好的机会我们一起来分享”，把“佣金”说成“服务费”，把“反对”说成“关心的部分”，把“比较便宜”说成“比较经济”，把“客户”说成“服务对象”，把“问题”说成“挑战”，把“成交”说成“完美的结局”……

穷推销员之所以变成穷推销员，是因为他们的思考模式造成的。富推销员和穷推销员的根本不同，就是他们日常使用的语言不同，而语言恰恰又是免费的。

## 意向引导成交法

如果客户有心买，只是认为产品的价格超出了自己预定的水平，这时，你只要向他们进行“意向引导”，一般都能使洽谈顺利地进行下去。

“意向引导”在买卖交易中的作用很大。它能使客户转移脑中所考虑的对象，产生一种想象。这样，就使客户在买东西的过程中，变得特别积极，在他们心中也产生一种希望交易尽早成交，的愿望。

“意向引导”是一种语言“催化剂”。化学当中的催化剂能使化学反应速度迅速增快，同样，在客户交易中，卖主使用催化剂也能使客户受到很大影响。

“意向引导”所有的一切行动都是你安排的，但在客户看来，一切都是自己设计的，一直到交易成功之后，他都以为自己占了便宜。

推销员在开始进行推销时，一开始就要做好充分的准备，向客户做有意识的肯定的暗示，使他们从一开始就走进你的“圈套”。例如：

“您的客厅如果使用我们公司的装饰材料，一定会满屋生辉，可以说，必定是这附近最漂亮的房子之一！”

“我们公司目前正在进行一项新的投资计划，如果您现在进行一笔小小的投资，过几年之后，您的那笔资金足够供您的孩子上大学。到那时，您再也不必为孩子的学杂费发愁了。现在上学需要那么高的费用。再过几年，更是不可想象。您说，那会怎么样呢？”

“现在，市场不景气，经济衰退，如果您在这时候买下我们公司的产品，在经济好转之后，您保证能赚到一大笔钱！”

只要推销员一开始就运用这种方式，给客户各种各样的“意向”，就会使他们对于购买你的产品产生一种积极的态度。当买卖深入到实质性阶段时，他们有可能对你的暗示加以考虑，但不会十分仔细，一旦你再对他进行购买意愿进行试探时，他们会再一度考虑你的暗示，坚信自己的购买意图。

## 如何化解客户嫌贵的心理

任何东西都有人嫌贵，嫌贵只是一个口头禅。这是推销员最常见的客户异议之一，遇到这种异议时，切忌回答“你不识货”，或“一分钱，一分货”，在解决这个问题时，推销时你应遵循以下原则：

1.以先发制人，不等客户开口讲出来，就把一系列客户要提出的异议给予化解。

2.在商谈中尽量在时间顺序上，要先谈产品价值，后谈价格。

3.在交易中，价格是涉及双方利益的关键，是最为敏感的内容，容易造成僵局。化解这一僵局最好的办法是多强调产品对客户的好处与实惠。因此，要多谈产品的价值，尽量少谈产品的价格。

4.把一客户认为价格高的产品跟另外一种产品作比较，它的价格就显得低些。经常收集同类产品的价格资料，以便于必要时进行比较。

5.在可能的情况下，要尽量用较小的计价单位为客户报价。如火柴一包售价1元，将报价单位缩小到每盒0.10元，将交易总额细分为许多的小数额，会使你的客户比较容易买下来。

6.从产品的优势，如产品的质量、功能、声誉、服务等方面引导客户正确看待价格差别，指明客户购买产品后所得到的利益远远大于支付货款的代价，客户就不会再斤斤计较价格了。

7.把高档产品与一些劣质的竞争产品放在一起示范，借以强调所推销产品的优点，并教客户辨别产品的真伪，经过一番示范比较后，客户就价格所提出来的异议会马上消失。

在推销活动中，无论客户提出哪种价格异议，推销员都应认真地加以分析，探寻一下隐藏在客户心底的真正的动机。只有摸清了客户讨价背后的真正动机，推销员才能说服客户，实现交易。

## 美国寿险推销大王乔·甘道夫的推销忠告

一开始就把订单放在客户面前，这样做有助于推销。在商谈到最后阶段时，只要一把订单拿出来，客户就会有退缩的倾向。

美国寿险推销大王乔·甘道夫说："美国有四十多万人寿保险代理人，其保险项目与我的基本相同，然而，我不与他们竞争。你知道这是为什么吗？因为他们出售的是繁杂且陈旧的保险单，而我向人们推销的是思路。从我首次与保户接触至签订合同，我始终在推销思路、概念和解决问题的方式。"

任何事情都不能缺乏创新，推销也是一样，只有擅长推销者，才能有大的收获。

大多数刚开始从事推销的人往往在展示完产品的时候，才对客户谈论买不买的问题，其实这样做是不明智的，从与客户一见面起，任何时刻都是签订单的最佳时机，而且时间愈提早愈好。

比如有人来问暖气机的价钱，你可能会说："这种暖气机起码比以前的机型省10%的用电量，露丝太太，你对这应该有兴趣吧？"

你只是在解说过程中提到一个重点，但其实已经试图要完成交易了。露丝太太若觉得这省下的10%用电费对她很重要，那么她也早已准备好掏腰包了。

推销员要随时掌握客户的心理状态或暗示。有时一个简单的动作，像身体往前倾等，都可能透露出"我想买"的信息。

当你听到、感觉到或见到这样的暗示时，就要立刻停止解说，尝试与客户完成交易。不要等待！这就是推销员想要的最佳时刻！

## 客户对推销员最大的一项抱怨

客户对推销员最大的一项抱怨就是话太多。

当一个人感到紧张和害怕或被拒绝时，往往话会说得又快又大声。专业推销的重点就是以最短时间说最多的话，去游说别人向他们购买东西。

事实胜于雄辩。每天都有好多推销员因为在客户决定购买之后喋喋不休，以致丢了生意。到最后，客户会放弃等待他们闭嘴，而嘟囔着说："好吧！你把这些资料留下来，让我考虑看看。"没多久，当那位推销员被遣送回大街上去时，还搞不清楚到底发生了什么事。

你会因为话多而导致推销失败，但你绝对不可能因为聆听而失掉一桩买卖。优秀的推销员很安于沉默，他们会让未来客户谈得尽兴。当客户在说话时，推销员则忙着聆听并建立客户的信任。他们会观察客户的举动和态度，且会留意能正确回应客户真正想法及需求的信号。

你应该花点时间经常观察别人，不管是你的家人还是同事都可以，把它当成一种练习。你要留意他们肢体语言流露出来的微妙信号，以及脸部表情的任何细微变化。你对于别人的思想、感情，以及行为观察得越敏锐，就越能够确定什么时候是推销的关键时刻。

## 与客户面谈的6种提示法

提示法是推销员与客户面谈最常用的方式。它是指用语言启发、诱导客户购买产品的行为。

提示法分为6种——

直接提示法：业务人员直接劝说客户购买所推销产品的方法。这是一种被广泛运用的洽谈提示法。这种方法要求业务人员接近客户后立即向客户介绍产品，陈述产品的优点与特性，然后建议客户购买这种方法很能节省时间，也符合现代人的生活节奏。

间接提示法：业务人员运用间接的方法劝说客户购买产品。由于间接提示可以避免一些不宜直接提出的动机原因等，因而使客户感到轻松、合理，容易接受业务人员的购买建议。所以，间接提示法亦被广泛应用。

明星提示法：明星提示法是业务人员借助一些有名望的人来说服与动员客户购买产品的方法。由于明星提示法迎合了客户的求名、求利等购买动机；也因为明星提示法充分地利用一些名人、名家等的声望，可以消除客户的疑虑，使业务人员及其产品在客户心目中产生明星效应，进而影响客户的态度。

提示所指的明星（名人、名家等）都必须有较高知名度，必须是客户认识的，而且是客户所崇拜者。不同的消费群亦有不同的崇拜对象。

动机提示法：业务人员建议客户立即采取购买行为的面谈方法。当一种观念、一种想法与动机在客户头脑中产生并存在的时候，客户往往会产生一种行为的冲动。这时，如果业务人员能适时地提示客户实施购买，效果往往不错。

积极提示法：业务人员用积极的语言或其他积极方式劝说客户购买所推销产品的方法。所谓积极的语言与积极的方式可以解释为正面提示、热情的语言、赞美的语言，会产生正面效应的语言等。

# 怎样帮客户找到购买理由

## 怎样帮客户找到购买理由

人的内心并存着两种对立的感情，理智与情感经常处于矛盾之中。购买行为有时是出于理智的，有时是出于情感的。当理智与情感发生矛盾时，行动则会犹豫不决，这时推销员就应该做些说服工作。

一般来说，人都是喜新厌旧的，都希望拥有更新更好的东西。而比较谨慎的人心中都有一种观念：能够使用的东西丢掉是一种浪费。这种人对于他本来想买的东西，很不容易下决心。那么推销员就应该告诉他“合理”的理由，告诉他淘汰旧物换用新产品的种种好处。说得更明确一点，当客户犹豫不决时，会到推销员那里寻求不买不行的“正当理由”，作为推销员应看透这一点，帮客户把“理由”找出来。

“你说得一点都没错，还能够使用的东西，丢掉的确可惜。但您的冰箱已经使用了这么多年，马达、压缩机都一定磨损得相当厉害，密封件也一定老化了，如此一来，耗电量必然大大增加，而且冰箱很难保持在符合标准的温度。从长远的角度看，不但浪费了电力，损失了金钱，而且不能保证食品的卫生。所以，新买一台绝对是有必要的。您看这种冰箱，不仅式样比老的更漂亮，而且更省电，在相同的功率下，储藏容积是过去的一倍半。”

帮客户找到了理由，你的推销就成功了，客户也会买得心安理得。

## 如何不被理直气壮的话吓退

遇到推销，有的客户往往会来一句呛人的话：“为什么认为我非买不可？”切记不要被这理直气壮的话所吓退。

这类客户说这句话时，可以这么说，他心里已经同意你的看法，已经有八九分购买意愿了。它这样做，是在考问推销员的能力和推销员的自信。通过推销员的自信度他也可以确定他的判断是否正确，所以，你的回答就显得特别重要，是整个过程的转折点。回答不好，特别是不自信，就可能走向反面，如果回答得好，客户就会更加确定他的判断，交易就十拿九稳。

回答这类客户，充分自信是必要的，不要觉得客户有点拒绝的味道，心里就发毛，就觉得自己没有能力推销给客户，心里胆怯，必然表现在言谈举止中，在客户看来，却以为你对自己的产品有种胆怯，也就会认为它们有问题，而产生疑虑，会给交易带来不必要的困难，这对推销员则是不希望的。

对于这些回答要以自信、坚定的口气来应付：

“先生，您已经看过我们的产品，你对它很满意，并且喜欢它，而这些正好符合一个精明人的心理，您看起来就像一个老行家，所以从这些方面看，你买的可能性就有九成，怎么样？不知我说的如何，八九不离十吧！”

“先生，对于你要购买这一点，我之所以很自信，这也是来源于我对我的产品很自信。我的产品质量好，谁不愿意拿自己的钱买好的东西，难道你要拿自己的钱买次品不成？这就是我很自信的原因。”

“先生，难道你不这样认为吗？您与我也是同样的心理，而这心理的来源都是基于这产品的质量，你说对不对？”

## 怎样向客户推销未来

搞清楚客户的需求，提出正确的解决方案，满足客户的需求，是成为推销高手的第一个步骤。

你要掌握的，是向客户推销未来的技巧。

推销高手不仅要解决客户现在面临的问题，还要帮助客户，对客户未来的发展前景进行推测、展望，帮助客户实现这个展望。这样的推销员不但会在双方的交易中获得经济利益，还会受到客户的尊敬。

怎样才能做到这一点呢？

你要研究客户的发展，看出客户的前景，然后向客户描绘出来，感染他、激发他，通过使用你们的产品，达到一个美好的未来。

这个前景就是你的构想。你向客户推销的，就是这个构想。

你向潜在客户推荐的构想越多，你得到的反馈就越多。反过来，这些情况将促使你产生更多的构想。也会更加完善你的构想，你的客户也越来越对你的构想感到满意。你的构想也就会产生实际的效益。

## 客户提出反对意见怎么办

刚开始从事推销工作的推销员，千方百计想要证明自己是对的，对客户们提出的反对意见，都予以回击。这个习惯及想法，必须立刻改正。

每个人都有自己的想法与立场。在推销说服的过程中，你若想要对方放弃所有的想法与立场，完全接受你的意见，就会使对方觉得很没面子。在颜色、外观、样式上，千万不能将您的意志强加在别人身上。

要让客户接受你的意见又感到有面子，其方法有两种：一是让客户觉得一些决定都是由自己下的，另一个是在小的地方让步，让客户觉得他的意见及想法是正确的，也受到您的尊重，他就会觉得很有面子。

无论在任何情况下，都不要同客户正面争论。你输了，对方不会接受你的产品；你赢了，对方会因恼羞成怒也不会接受你的产品。要知道，你的任务是推销产品而不是来吵架的，有时听一些推销员说："这家伙真令人讨厌，我狠狠把他治了一顿，出了一口恶气。"当你问他产品推销出去了吗？他回答说："一根头发丝也没推销出去。"所以美国潘思互助人寿保险公司对爱争论的推销员，一概解雇。他们深知：推销不是靠争论，人的主意不会因为争论而轻易改变。

推销高手从不会想到要谈赢客户，他们只会建议客户，他们都会在让客户感受尊重的情况下，进行推销的工作。推销的最终目的在于成交，说赢客户不但不等于成交，反而会引起客户的反感。为了使推销工作顺利进行，不妨尽量表达对客户意见的肯定看法，让客户感到有面子——逆风行进时，只有降低抵抗，才能行得迅速，不费力。

客户并不总是正确的，但让客户正确往往又是值得的。客户是上帝，他们能给我们带来好运；客户并不依靠我们，倒是我们要依靠他们；客户不是我们要与之争论或比赛智力的人，同客户争论是不可能取胜的；客户给我们带来了他们需要，我们的职责是满足他们的需要，并使他们和我们都有利可图。

没有客户便没有我们，这是推销员务必要明确的问题。

## 处理“太贵了”话术

当你在推销一项产品时，客户说：“太贵了。”

遇到这样的情况，你会怎么样呢？

你可以说：“我同意××先生，因为好东西不便宜，便宜没好货。我们可以把产品设计的很少功用但比较便宜，但是长时间下来您的花费还是比较低的。”

“这不只是老生常谈，××先生，您应该一开始便投资最好的、有最多功能的产品，我们是完全站在您的立场并当场证明给您看什么是对您最好的。这正是我毫无迟疑地推荐这个产品给您的理由。”

“价格太高。”

“我不认为这样的价格过高，××先生，当您加上品质的好处，减去对便宜的失望，乘上买到好东西的喜悦，除以一段时间的成本，这样的计算结果是对您有利的。”

“太贵了。”

“是的，这的确是贵了点，××先生，但是，在最后的分析里产品的价值在于它可以为您做什么，而非您付了多少钱。假如它只花您100元但为您做了1 000元价值的工作，这样您根本没有损失，不是吗？”

“太贵了。”

“是的，我也相信它确实不便宜，但××先生，金钱是价值的交换。今天，奔驰600汽车卖给您50万，您会觉得很便宜，但蓝鸟汽车卖给您50万，您会觉得很贵。”

同时，处理“太贵了”的反对意见话术还有：

1. ××先生，您能告诉我，您为什么有这种感觉呢？

2. ××先生，我想知道我们对于价格的差距还有多远？

3. ××先生，您为什么这样说？

最后，告诉你一句至理名言：

便宜的理由就是有瑕疵。

把这句话说给你的客户，他们可能会认同你，并且不与你在价格上纠缠。

## 客户没有带钱怎么办

如果你是一名汽车推销员，常常会有客户在店里转来转去地看车，尽管你做了大量的推销工作，他却借口没有带现金。你要是花了一个小时左右的时间进行推销，而他还这样的话，我相信你是不情愿放他离去的，因为一旦离去，他就很可能再也不会回来了。你要懂得客户虽然嘴上说没有带钱——实际上他们却不可能两手空空地回家。

一天上午，陈先生挟着一个公文包，在店里转悠，左看看右看看，一会儿说这辆车车价太高，一会儿说那辆车款式不漂亮。最后陈先生看中了奥迪汽车，却说："我今天只是随便看看，没有带现金。"

这时，你要说："陈先生，没有问题。我和您一样，有很多次也忘了带钱。"然后，你稍微停顿一会儿，观察客户有种脱离困境，如释重负的感觉（事实上，他带了钱），你接着说："实际上，您不需要带一分钱，因为您的承诺比世界上所有的钱都更能说明问题。"

接下来，你抓起客户的手说："就在这儿签名，行吗？"

等他签完名，你要强调说："我这个人往往能给别人留下不错的印象，我知道，您不会让我失望的。"

实际上，当你这样说时，确实很少有人会令你失望。你会发现，当你信任好人时，好人也会向你证明他们的确值得依赖。

当然，这种方法只在客户这样说时才有效：

"对不起，我身上的现金不够。要是在周末的话，我一定准备好钱。"

## 迷惑客户的限量供应策略

限量供应，字面意义大家都肯定明白，其目的主要是给优柔寡断的人一个“千万别错过”式的暗示。因为“错过”了就会感觉吃亏，而“没错过”，就是捡了便宜。

限量供应其实是一种“迷惑”。“迷惑”是人类心理状态的一种，在人的潜意识里，总认为还会有“更好”的存在。人在意识深处，都藏有相当浓厚的寻求更好的欲望，而这种欲望就是造成了“迷惑”的主要原因。如果以这种方式来观察人类，就可以了解人类存在迷惑的原因，是在于有“是否还有更好”的意识存在。

妨碍人们果断行动的潜在心理，往往都是因为一种“可能还有”的心理存在，如果在限定的时间之内，迫使对方尽快下单，就可以使对方在很短的时间内做出决定。例如，对于正在犹豫价钱是否合理、无法下决心购买的客户，作为推销人员的你可以暗示他说：“错过了今天，明天就要涨价了！”

当然，“限定”的方法并不仅仅局限在时间上，也可以运用在数量上。例如“只送给前20名的购买者。”“只有前5位的购买者可以打七折。”等，都是数量上的“限量供应”。

利用“限量供应”策略，你往往可以促使客户由“迷惑”“犹豫不决”迅速转变为果断下单，马上成交。

要注意的是，“有限量的产品”虽然会使消费者产生不买就会吃亏的心理，但是这种方法不宜经常使用，否则就会失去新鲜感。

总之，只要使消费者产生“只有一次”或“最后一次”的意识，就会有比别人占了更多便宜的感觉，从而使成交变得容易。

# 引导客户的经典案例剖析

## 两位鞋子推销员的不同故事

A公司和B公司都是生产鞋的。有一天，A公司听说在赤道附近有一个岛，岛上住着许多居民，A公司想在那里开拓市场，于是派推销员到岛上了解情况。很快，B公司也听说了这件事情，他们唯恐A公司独占市场，赶紧也把推销员派到了那里。

两位推销员几乎同时登上海岛，他们发现海岛相当封闭，岛上的人与大陆没有任何来往，他们祖祖辈辈靠打鱼为生。他们还发现岛上的人衣着简朴，几乎全是赤着脚，只有那些在礁石上采拾海蛎子的人为了避免礁石硌脚，才在脚上绑上海带。

两位推销员一上海岛，立即引起了岛上人们的注意。

他们注视着陌生的客人，议论纷纷。最让岛上人感到惊奇的就是客人脚上穿的鞋子。岛上人不知道鞋是什么东西，便把它叫做“脚套”。他们从心里感到纳闷：把“脚套”套在脚上，不难受吗？

A公司的推销员看到这种情况，心里凉了半截。他想，这里的人没有穿鞋的习惯，怎么可能建立鞋市场？向不穿鞋的人推销鞋，不就等于向盲人推销画册、向聋子推销收音机吗？他二话没说，立即乘船离开了海岛，返回了公司。他在写给公司的报告上说：“那里没有人穿鞋，根本不可能建起鞋的市场。”

与A公司推销员的态度相反，B公司的推销员看到这种状况，心花怒放，他觉得这里是极好的市场。因为没有人穿鞋，所以鞋的推销潜力一定很大。他留驻岛上，与岛上的人交上了朋友。

B公司的推销员在岛上住了很多天，他挨家挨户地宣传，告诉岛上人穿鞋的好处，他亲自示范，努力改变岛上人赤脚的习惯。同时，他还把带去的样品送给了部分居民。这些居民穿上鞋后感到松软舒适，走在路上他们再也不用担心扎脚了。这些首次穿上了鞋的岛人也向同伴们宣传穿鞋的好处。

这位有心的推销员还了解岛上人的脚型，了解了他们生产和生活的特点，然后给公司写了一份详细的报告。公司根据这份报告，制做了一大批适合岛上人穿的鞋，这些鞋很快便推销一空。不久，公司又制做了第二批、第三批……B公司终于在海岛上建起了鞋的市场，嫌了很大的一笔钱。

## 推销顾问如何做推销

如果想让客户从你这里获得快乐，最妙的境界就是让客户因你的存在而拥有期待与希望。

同样的产品，其他公司很畅销，而自家公司的库存却堆积如山，该公司的老板着急万分，于是请来了推销顾问安德鲁先生。

安德鲁先生了解了现状后充满信心地说："这些产品完全可以卖出去啊！滞销的情形那么严重，一定是贵公司的推销员不够努力，并且推销手法不得当。请相信我，这些产品完全可以推销出去，让我们一起努力，一定会卖得很好的！"

老板一听马上就兴奋地说："这实在太好啦！安德鲁先生，无论如何我们都一定要请你担任我们公司的推销顾问，我们现在就签约吧！"

为什么安德鲁先生根本还没有多加说明，这位老板就会突然提出签约的事情呢？原因何在？其实原因有两个：

其一，安德鲁一语道破了推销的本质和产品推销不出去的根本原因。同样的产品，其他公司畅销，这家公司却库存了许多，不用说就知道是推销员没有认真地去推销，同时没有拿出对路的推销策略和方法。

其二，“这些产品完全可以卖出去啊”“我们一定会卖得很好的”等这些话，能够马上让客户满怀希望，产生期待的梦，从而迅速对安德鲁先生产生了信赖感。

如果你在向客户推销产品或服务时，也能让客户产生期待和希望，你就必定能马到成功。

事实上，客户在买东西时，不管买的是产品还是服务，都一定会考虑到这个东西的用处，都有对其的期待和希望。有了这些期待和希望，客户才会有购买的欲望，才有可能做出购买的决定。所以，推销员应该确认产品的所有价值，对客户充分说明，使客户产生“我如果买了它，就会怎样怎样……”“它可以带给我什么样什么样的好处……”“我可以利用它怎样怎样……”等想法。如此一来，使客户充分明了购买产品后将给自己带来的好处和利益，客户就会迫不及待地购买你的产品或服务了。

## 培训机构如何推销培训课程

以推销培训课程为例：

在电话安排面谈的时候，课程推广要把电话转到最适当的人，并且这样自我介绍：

“您好，××先生。我是××培训机构的××。请问您是否有兴趣了解一种能让您在6个月内使推销业绩增加30%的方法？”

“这要多少钱？”

课程推广很快回答：

“××先生，这堂培训课非常精彩！假如它一点都不适合您，就完全免费！”

这样回答以后，客户感觉极其舒服。电话另一端，客户安静了一会儿，然后说：

“你这是什么意思？免费？”

课程推广很确定地回答：

“××先生，我给您看的任何东西，假如您不喜欢，您就不去购买，可以吗？”

“××先生，假如您不买，当然完全免费。您不会有任何的损失，而且也不会带来任何损失。我希望您能给我10分钟的时间介绍产品，适不适用的决定权在您。”

……

“价格太贵。”

“××先生，您难道只想以最低价格作为唯一的考虑因素，而不顾虑其他品质、服务、后续支援能力或者产品预期使用寿命的议题？”

想想看，如果有这样一位推销员向您推荐一种产品，并用这样的态度与您对话，您会有购买风险吗？当然没有。

如果不适合完全免费——这是你推销任何产品的一个有效敲门砖。

## 手机推销员的利益比较清单推销法

当你已经成功地和潜在客户解释了购买产品的利益之后，他却说："我想和另外两家供商比较一下。"你又该说什么、做什么呢?

最好的推销员所受的训练应该是如何对拒绝做出反应并在适当的时机促成推销的达成。他们在做产品介绍时，总是会充分准备，带上那些能够帮助自己推销并达成推销的工具。

王先生需要一台新手机，以便在联系生意进更快捷更方便，他约你来介绍产品。听了你的介绍后，他说还想看看其他家的产品。此时，要做的事情就是把王先生推到这样一种境地，要么同意现在就买，要么告诉真实的拒绝原因。

推销员：您知道，王先生，我通常买手机之前也想货比三家。但我们都是想找一家手机最好、服务也最好的公司，以免花冤枉钱，对不对?

王先生：是啊，当然了。

推销员：您能告诉我，您都要比较哪些方面吗?

王先生：（无论他说什么，第一和第二项应该是他拒绝你的真正原因，除非他说这些都是为了搪塞你。）

推销员：在您和其他公司的产品比较（列举出比较的各项内容）之后，如果发现我们的产品是最好的，您肯定会从我们这里购买，对吧，王先生?

王先生：是的。

推销员："太好了！我们的很多客户在购买之前都要比较一

下的，但我们也知道这会花去很多宝贵的时间。您买手机的原因也就是想更有效率，不是吗？所以，为了节省时间，我们已经替您做了比较。这是一张表格，上面有我们最主要的20家竞争对手的产品、服务和价格的比较情况，供您参考。”（花一点时间来指出为什么你们的产品在各方面占优势，特别是在王先生关注的方面。）

现在，王先生，您什么时候能够做决定？

注意：现在王先生一定在为你所做的充分准备而感到惊讶，现在他不得不做决定了，否是就得说出真正的拒绝原因。

看来，当客户拒绝我们——以“比较”为由拒绝我们时，最好的方法就是给他们拉出一个产品的利益比较清单。

## 寿险推销员怎样描绘图画

精明的服装推销员要是看到一位客户很欣赏一套西服时，他会把它取下来，拿给客户说：“那边有试衣间，您不妨穿上看看。”当客户出来的时候，他会指着一面镜子说：“先生，您来照照。瞧，这西服的颜色多棒！穿这件衣服，您显得更是帅了！”

一位房地产推销员曾说：“当你推销一块空地的时候，你就很难让客户行动起来，因为房子还没有盖起来。”

事实上，你要是能设法让客户的脑子随着你一起想象，也就是在让他们采取行动了。

譬如，一位聪明的房地产推销员会这样对他的客户说：“我们现在站的这个地方将来就是您的家了。到时候，您就可以坐在沙发上仔细欣赏眼前如画的美景。您的游泳池会建在南边，这样，您就能充分地享受到明媚、充足的阳光。”

寿险推销员也可以为客户描绘一幅生动的图画——要是他们有远见买下养老年金的话，他们在退休后将会过上一种那么美好的生活。这时候，推销员实际上向客户推销的是一种美好的生活，他会让客户感觉到似乎正在吻别太太，走出度假区的漂亮公寓或正在驱车前往高尔夫球场的高速路上。推销员也可以对客户展示一种悲惨的、贫穷的、艰难的未来的生活，如果他不打算买养老年金的话。推销员可能会这样描述说：“等您退休的时候，社会保障或许早就完蛋了，而物价又在不断上涨，全国将有成千上万的人靠吃狗食才能活下去……”

在上面这些例子中，推销员正是通过引导客户的想象来达到让他们行动起来的目的。

在客户的脑子里描绘一幅恰当的图画，他们就会很快的、积极地参与进来，就像你邀请他们去试车一样。

## 电话行销人员如何教育客户

在推销过程中，你要教育你的客户，购买你的产品有什么样的价值，对他产生什么样的好处，不买有什么样的损失。其实每个人的行动都是基于追求快乐和逃离痛苦，然而逃离痛苦比追求快乐对一个人影响力更大。正如说一个人，总是说我要成功，但他更害怕被拒绝，逃离痛苦的力量大过追求快乐，所以我们在说服客户时，一般人只说得到我们的产品你会有什么样的好处，得到什么快乐，却从来没有让客户了解他不购买对他有什么损失，你必须教育客户他拖延有哪些负面的影响。

一个电话行销人员在推销他们的训练课程时，有些客户就会说：“时间太忙了！”“价钱太贵了！”等借口推辞。

这位电话行销人员就会对他们说：“如果您不来参加我们这次培训，你就不会了解目前个人成长的最新资讯和更好的方法，不掌握最新的方法，就不会更快提升你的业绩，你的收入就会受到影响，难道你不想提高你的收入吗？你不来参加培训，而你的竞争对手却来了的话，你是不是比你的竞争对手慢了一步。你是不是会损失更多？成功者都是不断地学习充电，如果你要想成功的话，你要不要来上课呢？”

所以，在解除客户的抗拒时，一方面要强调购买产品会得到哪些好处，更重要的是不购买会有哪些损失，会给你带来哪些痛苦——一定要让客户深切感受到不马上行动的痛苦和立刻行动后所带来的快乐。

## 专向男人推销的化妆品推销员

那是情人节的前几天，一位推销员去向客户推销化妆品。这位推销员当时并没有意识到再过两天就是情人节了。

男主人出来接待他，推销员劝男主人给夫人买套化妆品。男主人似乎对此挺感兴趣，但就是不说买，也不说不买。

推销员动员了好几次，男主人才说：“我太太不在家。”

这可是一个不太妙的信号，再说下去可能就要完了。忽然，推销员无意中看见不远处街道拐角的鲜花店，门口有一招牌：“送给情人的礼貌——红玫瑰”。这位推销员灵机一动，说道：

“先生，情人节马上就要到了，不知您是否已经给您太太买了礼物。我想，如果您送一套化妆品给太太，她一定非常高兴。”

这位先生眼睛一亮。

推销员抓住时机又说：

“每位先生都希望自己的太太是最漂亮的，我想您也不例外，您说是吗？”。

果然，那位先生笑了：“那当然，这一套化妆品要多少钱？”

“礼物是不计价钱的，送给她喜欢的礼品是最关键的。”

于是一套很贵的化妆品就这么轻易地推销出去了。后来这位推销员如法炮制，成功推销出数套化妆品。

回顾一下这位推销员成功的原因，我们就会知道唤醒客户爱的需要对于推销成功有多么重要——毕竟，谁都需要爱。

## 推销天才怎样将产品卖给总统

你的产品再好，如果卖给一个对其没有用的客户手中，那么推销仍算是失败。

美国有家商学院为学生设立了一个天才推销奖，要想获得这个奖项，就要把一个旧式的砍木头的斧子，推销给现任的美国总统。这是一件很难的事，克林顿总统没有这样的爱好。但在布什总统刚刚上任的时候，一位名叫乔治·赫伯的学生经过精心策划，向他发出了一封信，信中这样写道：

“尊敬的布什总统，祝贺你成为美国的新一任总统。我非常热爱你，也很热爱你的家乡。我曾经到过你的家乡，参观过你的庄园，那里美丽的风景给我留下了难忘的印象。但是我发现庄园里的一些树上有很多粗大的枯树枝，我建议您把这些枯树枝砍掉，不要让它们影响庄园里美丽的风景。现在市场上所卖的那些斧子都是轻便型的，不太适合您，正好我有一把祖传的比较大的斧子，非常适合您使用，而我只收您15美金，希望它能够帮助您。”

布什看到这封信以后，立刻让秘书给这位学生寄去15美金。于是，一次几乎不可能的推销实现了，一个空置了许多年的天才推销奖项终于有了得主。

为什么推销成功，可能每一个人得出的答案都不相同，那么，最正确的答案是什么呢？好处！假如这个天才推销奖的得主不是观察到了总统庄园里需要斧子，那么，可以确定的是交易失败。

成为一个优秀的推销员，你需要做的是从客户的利益出发考虑——产品对于客户而言是否有用，是否有什么好处。当你想清楚这一点，那么推销就不再是难事。

# 推销第三能力：自信和欲望是本钱

决定在于推销员的态度，而不是客户。

——美国联合保险公司董事长史东

# 信心和欲望是推销基本功

## 推销员的两大敌人

从事推销活动的人，可以说是与拒绝打交道的人。在现实生活中，不会有客户见到推销员上门来推销产品时，笑容可掬地出门相迎：“欢迎、欢迎，您来得正好！”“真是雪中送炭！”随后便掏腰包成交。果真如此，就用不着推销员了。推销员从举手敲门、客户开门、与客户的应对进退，一直到成交、告退，每关都是荆棘丛生，没有平坦之路可走。

有人把推销喻为战争，并引用一位在战争中失去一条腿的军官的话，来描述“看不见的敌人”的可怕：“最恐怖的是眼睛看不见的敌人。跟眼睛看得见的敌人作战，心中多少有些充实感；但在密林中作战，看不见敌人，冲进去却没有抵抗，时间一分一秒地过去，静谧中可怕得令人窒息。恐怖成了我们心中的敌人……”

推销员也有两大敌人：看得见的敌人——竞争对手，和看不见的敌人——自己。

推销员在面对日复一日的拒绝时，如果没有顽强的斗志和必胜的信念，免不了会产生“受不了啦！我再也受不了啦！我不想再干啦！”的逃避思想，这就是心中看不见的敌人之一。要想战胜这种看不见的敌人，除了推销员自己给自己鼓气外，别无良策。

## 推销能力增强的秘密

由于每个人的生活经历不同，所受环境影响不同，受教育的程度不同，构成了每个人不同的个性特征和相关的能力。在心理学上，影响活动效率的基本因素被称作能力。

专业能力、交际能力、组织管理能力等不是天生的，不是静止不动的东西，而是后天勤奋学习、实践锻炼的产物。一个人即使不具备某种能力，或某种能力较差，但是只要不断努力，能力是可以增加的。相反，如果具备了一种能力条件，没有很好地发挥，不在实践中继续提高，原有的能力也会退化。

另外，如果能力缺少正确的引导，会出现劳而无功的现象，有的能力甚至会用到歧途中去，“聪明反被聪明误”就是指这种现象。

推销自己就是推销自己的能力，在各种各样的细节上表露自己的品行和价值。推销自己的目的，就是为了要别人能肯定你、接受你，接受你的理念、做事的方法、推荐的产品等。能被别人认可与配合，那你就成功了。

你的理念能被别人接受，就使得工作与沟通非常容易地进行，在进行中又很顺利地被执行完成；做完后大家的默契增加、理念更加一致。

所以，当你一次次丢开包袱，勇敢推销自我时，你的各方面能力就在不断增强——你的理念、人格、做事方法逐渐被别人接受与肯定——于是，做任何事情时，都可以得心应手，成交机会越来越多。

## 推销最看重的两个单词

没有强烈的欲望，就不能成为好的推销员。

乔·吉拉德认为，所有人都应该相信：乔·吉拉德能做做到的，你们也能做到，我并不比你们好多少。而他之所以做到，便是投入专注与热情。

有人说对工作要百分之百地付出。乔·吉拉德却不以为然：这是谁都可以做到的。要成功，就应当付出140%，这才是成功的保证。他对自己的付出从来就没有满意过。

每天入睡前，乔·吉拉德要计算今天的收获，冥想，集中精力反思。今天晚上就要把明天彻底规划好。离开家门时，如果不知道所去的方向，那么乔·吉拉德是不会出门的。

乔·吉拉德说，你认为自己行就一定行，每天要不断向自己重复。要勇于尝试，之后你会发现你所能够做到的连自己都惊异。

要燃起熊熊的信念之火，乔·吉拉德认为，两个单词非常重要：一个是“我想”，另一个是“我能”。

悲剧在于，全世界95%的人并不知道他们要什么。但是，没有强烈的欲望，就不能成为好的推销员。乔·吉拉德知道自己需要什么，他把所想要的拍成照片挂起来增强这种欲望。

“没有人能左右你的生活，只有你自己能控制。失去自己就是失去了一切，连朋友也不会理睬你。”

乔·吉拉德的衣服上通常会佩戴一个金色的“1”。有人问他：您这样做是因为您是世界上最伟大的推销员吗？乔·吉拉德则回答："我是我生命中最伟大的！没有人跟我一样。"

一位医生告诉乔·吉拉德，每个人体内有一万个发动机。乔·吉拉德家最外面的门上有一句话：把所有发动机全部启动。他每天这样离开家门：观察身上所有细节，看看是否自己会买自己的账。"我感觉好极了！""我正处于巅峰状态！""我是第一名！"一切准备好以后，乔·吉拉德握在门把手上，轻轻打开门，对自己说：像豹子一样冲出去！

## 推销员推销的第一步

推销员推销的第一步，就是要选择自己喜欢、又感兴趣的产品来推销。一种产品，推销员若是不喜欢，他就不会花时间、下力气去了解、研究产品的性能。在这种情况下，推销员即使说得天花乱坠，也会漏洞百出。一旦被用户看出破绽，用户就会有一种受欺骗的感觉，对产品的兴趣全无，也就谈不上购买了。由此可见，推销员一定要选自己感兴趣的产品来进行推销。因为只有对产品有了兴趣、了解、研究，并相信它的价值，推销员才会建立对产品的自信，才会赢得用户的信任。相信你的产品是推销的第一步。只有百分之百地熟悉和了解你所推销的产品，只有完全地了解其功能与作用，你才能明白它会给客户带来什么利益和好处，然后满怀信心地向他们推荐你推销的产品。

"我可以推销任何东西给任何人在任何时间。"当你保持这样的信念、并付出大量的行动时，你一定会有很好的结果。

推销你喜欢的东西，喜欢你推销的东西。当你喜欢某种事物时，你对此有信心，当你向人们谈论你所喜欢的事物时，他们会听你讲，会感觉到你的热情和真诚，会更加相信你。当人们信任你时，他们自然就会与你做生意。

始终感觉你就是最好的，且没有人可与你媲美：谈到你推销的东西时，焕发出光芒，点燃起火焰；同时，不要揭竞争对手的短；理解你的竞争对手也是很能干的，但没有像你那么能干；理解他们的产品也不错，但绝没有你所提供的产品那么棒。

抓住你产品的特性，渲染它们，不断提到它们。诚实地、真心地相信这些特性，在面谈中赞美它们，直到它成为你推销中的核心要点。

## 自我推销成功的关键点

成功的自我推销主要取决于你对别人的态度。而你对别人的态度主要取决于你对自己的态度。

大部分新进推销员以及部分经验老到的推销员都有一个同样的问题，他们对自己的心态，而非对于他们的产品或服务的态度，需要更积极、更宽广一点。

暂时把你自己变成消费者，试想这个情况：假设你要买台新车。你比较了一下，然后选出一种厂牌和款式。你已经做好选择，而且对于价格也有了清楚的概念。

现在把态度这个因素列入考量。两个推销员提供你两种不同的交易。其中一个只卖车给你，外加一些配件、安全设施和汽车马力，但完全将自己置身买卖之外。另一个除了能让你充分享受产品的好处之外，还十分地亲切、自信、乐意帮忙，并且细心体贴。他卖你的不只是车子而已。

你会比较想跟哪一个买？我们都知道答案。当然是那个不仅拥有产品知识，也很清楚自己，将自己当作推销的一部分的推销员。

想更成功自我推销，你也可能需改变自己的心态。就像生命中的每件事物一样，心态也有两种对立的极端：积极和消极、建设性和损坏性、宽广和狭隘、开朗和绝望。

你要学习的秘诀是如何培养自己更积极的心态。这会引导你对他人抱持正面的心态。然后，不论你是为了任何目的向别人自我推销，都会容易多了。

## 顶级推销员=行业专家

推销任何产品，一定要成为该类产品的专家，只有专家才更有权威性，只有专家才会有依赖感。否则，你无法帮助客户解决相关问题。如果客户问你一些专业问题，你都无法解答，客户会马上对你失去信心。成为行业的专家，会非常机敏地处理各种问题。同时，赢得老练客户的尊敬，他们会信任你的专业能力，听从你的建议。

当一个推销员被认定为行业的专家以后，他在拜访客户时，便可以适度增加推销量，不管你推销什么东西，客户永远尊重专家的意见。所以，你不仅要知道自己产品的专业知识，同时对竞争对手的产品知识也要非常了解，要学习他们的长处，了解他们的弱点。了解行业的最新动向，当你在客户面前表现得十分专业时，客户才会相信你、依赖你，并且购买你所推荐的产品。

工欲行其事，必先利其器。如果你现在还没有成为专家的话，那说明你还需要努力。因为很少有客户自动找上门来，主动向你购买产品，所以要想成为顶尖级别的行业顾问，凡事都要主动出击。

顶级推销员都是主动出击的人，没有人要求原一平、乔·吉拉德，一定要做到世界第一，完全是他们自己主动争取做好每一件事。

要想成为顶级推销员，就要比别人更有勇气，主动跟陌生人打招呼、寒暄，一见到人，就先递出名片。同时，要培养自己先下手为强的勇气，要敢说、敢问、敢行动，业绩不是平白从天而降，守株待兔是没有用的。

在我们周围，有85%以上的人都是被动的，如果你能采取主动就能掌控整个局面。所有的战略都不断告诉大家："要不断地进攻。"因为只有进攻，才会有成功的机会，如果你躲在家里不出门的话，你的机会一定会很少。

## 什么态度才是正确说话的态度

优秀推销员要牢固地树立这样一个观念：说话的态度比内容更重要。

美国著名成人教育家卡耐基对此有深刻的体会。有一次，他在一个聚会上，恰好坐在一位太太的旁边，那位太太特别健谈，一整晚上，卡耐基几乎没有说话，他只是认真地倾听那位太太的说话，在关键时刻说上一两句，表明自己的态度，表明自己对对方的话很感兴趣，很同意对方的观点。

第二天，那位太太打电话跟他说，卡耐基先生口才真好，是一个令人愉快的谈话伙伴。

这究竟是为什么？你说的内容不合他们的心意是一个可能的原因，还有就是你的态度遭到了听众的抵制。

那么，什么样的态度是正确的态度呢？

首先要真诚。任何推销员都知道，说话要真诚。但我们常常听见许多推销员的说话，给人的感觉是不够真诚。为什么？他们一定是犯了一些错误，这些错误有：

自说自话。我们经常看见一些自说自话的人，他们没有考虑客户想一些什么，没有考虑客户对这个问题是不是有意见需要发表。因此，面对客户的时候，想的只是怎么把自己知道的一些信息尽快传递给他们。在说的过程中，也不考虑客户的反应，一口气把自己的话说完，似乎就完成了任务。你的任务是完成了，但客户已经对你的态度起了反感。你说的什么，很可能他们根本就没有仔细听，在你说话的过程中，他们正心里嘲笑你的自说自话呢！

骄傲。有一些业务做得稍微好一点的推销员，自以为还不错，经常有意无意地在客户面前表现出自己能干，自己说的都是完全正确，自己的话客户应该认真听等神色。殊不知你的话需要不需要认真听取，完全是由客户本人来决定的。你这样骄傲，只能引起客户的反感。如果客户已经对你起了反感，你口才再好也没有用处。

其次，要热情。热情与真诚几乎不可分开，如果没有真诚，你的热情肯定会显得虚伪，但是过丁热情会让客户觉得不自在，有一些不习惯别人热情的客户，会因为你的热情而离你而去。

# 穷小子变成亿万富豪的秘诀

## 成功的人为何能成功

郝藤，这位一流推销员在深圳推销界素有“贩卖机器”之称，但在当初他要踏入这一行业，家人无不极力反对，而他则以实际行动证明自己的抉择是正确的。

每天早上天空还亮着几颗稀疏的晨星，他就已经开始拜访客户。晚上经常工作到10点、11点，除了投入比他人更长的时间之外，他还利用脚踏车在市内、近郊巡回开拓，以提高拜访效率。这样使他在进入公司10天后，当月业绩结算时，以优异的成绩夺得新人奖，甚至于单位主管还不敢相信一名毫无经验的新手能在短短10天内创下如此惊人的业绩，还特地打电话给他的客户，确定一下契约是否属实。

严格说起来，郝藤既无专业知识又无推销经验，全无有利于他的客观因素，他拥有的只是一个信念——“我要成功”。他心中很明白，这次是背水一战，再也没有多余的时间供他浪费，也因为他坚信天时、地利、人和是可以由自己创造的。他用足够的信心、毅力及充分的热诚，来把握每一分钟做最完美的演出。

产品固然重要，但是促使客户购买的却是推销员本身的人格——客户从郝藤身上看到了人格的光亮。

成功的人只是因为他们想成功。要成功，就须竭尽一切心力、无视种种横阻在前的困难，朝成功之途不断地冲刺！

从今天起，出门拜访客户前请先照照镜子，告诉自己：“我会成功！我有绝对的信心及热诚！”

## 原一平由穷小子变成亿万富豪的秘诀

成功并不是一蹴而就的，但如果每天进步1%，一年、五年、十年后，其改变就会大得惊人。

“人一旦来到这个世界，就得对自己负责，每天努力地修行。如何使今天的我比昨天的我更进步，更充实，这是自己人生的责任中最要紧的。”原一平这样认为。

原一平为了能让自己不断进步，举办原一平批评会，坐禅修行，请人调查原一平，在“认识自己”与“雕塑自己”的过程中，他由原来的穷小子逐渐变成了亿万富豪。

每天都持续不断地改进，每天进步一点点，你肯定会成功。

也许你只是比别人早起一点，参加公司早会，多学了一点东西，而这一点就成为你与别人专业知识的差距；也许是你每天只比别人多见了一个客户，多送了一份产品说明书，然而日复一日，你却成为行业中人人崇拜的英雄。

成功的秘诀就是多做一点，永远比你的竞争对手多做一点。当别人停止的时候，你再多打一个电话给你的客户；在遭到拒绝无法站起来面对的时候，再拨一次电话；当大家都说很累时，你再去拜访一个客户。

美国圣地亚哥推销汽车冠军，他成功的秘诀就是：每天比竞争对手多卖一辆车子。第二名卖一辆，他就卖两辆；第二名卖二辆，他卖三辆。月底结算，他一定是第一名。

无论工作、生活、家庭沟通，都要抱有持续不断地去改变。

当一天结束时，应该问自己“今天我做了哪些事情？有没有比以前更加进步一些？如何把这些事情做得更好？”成功就是永远比你的竞争对手多做一点。

## 如何使每一天都充满热忱

艾德·史塔每一天的开始都充满了热忱。艾德负责推销汽车和卡车，你可以说他卖的不是汽车或卡车，而是他的热忱。他就像是一颗充满电力的电池，每天都以无比的干劲推销自己。他的热忱随时保持满水位，似乎一不小心就会溢出来。他总是情绪高昂，几乎对每件事都会感到兴奋。跟他在一起十分有趣。

每当同事们发觉自己垂头丧气，就到艾德的办公室去充电，好比车子的电瓶没电了，会跟朋友或路上的机车骑士拿线接一下电。每当同事们感觉自己肌肉中的热忱松软了，就会想跟艾德借电力。他会说，“你真是天才，把那个难缠的客户弄得服服帖帖。”

艾德的方式比较夸张，不过当你心情低落时，听起来会很舒服。他可以提高你的情绪，给你一句赞美或拍拍你的肩膀，他在短时间内又重新点燃你的热忱。

事实上，情绪上的充电是一种施与受的命题。你愈是帮助别人锻炼热忱，你自己的热忱也得到更多锻炼。

一点点火花能激发出更多的火花。

找一个能让你充电的对象。他必须像你一样，是个天生赢家、是第一名的人，在你需要时能够给你力量。还有，把自己变成别人的充电器也是同等重要。

## 你为什么要微笑

请记住微笑之道：你的笑容就是你最好的信差。你的笑容能照亮所有看到它的人。

对那些整天都看到皱眉头、愁容满面、视若无睹的人来说，你的笑容就像穿过乌云的太阳。尤其对那些受到上司、客户、老师、父母或子女的压力的人，一个笑容能帮助他们了解一切都是有希望的，也就是有欢乐的。你这样做了，证明你是一个善于关心他人、胸襟开阔的人。

黄格，最成功的推销员保险人士之一。他对朋友说，他好多年前就发觉，一个面带微笑的人，永远受欢迎。因此，在进入别人的办公室之前，他总是停下来片刻，想想他必须感激的许多事情，展出一个大大的、宽阔的、真诚的微笑，然后当微笑正从脸上消逝的刹那，走进去。他相信，这种简单的技巧，跟他推销保险如此成功有很大的关系。

微笑不花什么代价，却能创造很多成果。它丰盛了那些接受的人，而又不会使那些给予的人贫瘠。它产生在一刹那之间，但有时给人一种永远的记忆。没有人富得不需要微笑，也没有人穷得支付不起微笑。微笑在家中创造了快乐，在商业界建立了好感，而且是朋友间的口令。它是疲倦者的休息，沮丧者的白天，悲伤者的阳光，又是大自然的最佳良药。但它却无处可买，无处可求，无处可借，无处可偷，因为在你把它给予别人之前，没有什么实用的价值。

如果你要别人喜欢你的话，规则是：微笑。

## 如何认识一些带圈的朋友

多认识一些带圈的朋友，意思是多认识一些朋友多的人。每个人的人际网是不一样的，朋友身边的朋友也有可能成为你的朋友。这就如同数学的乘方，以这样的方式来建立人际网，速度是惊人的。

假如你认识一个人，他从来不跟你介绍他的朋友。但另外一个人说："下星期我们有个聚会，你来参加我们的聚会吧。"你到了那个聚会，发现这些人都是五湖四海的人。带圈子来的人和不带圈子来的人的附加价值是不一样的。我们知道在人际网中，朋友的介绍相当于信用担保，朋友要把你介绍给其他人，就意味着朋友是为他做担保。基于这一点，你可以请你的朋友多介绍他的朋友给你认识。就像我们做客户服务一样，如果你的新客户是一个很强有力的老客户介绍的，这位新客户一下子就会接受你或你的服务。

我们所谓"圈子"这个概念，就是当我们的人际关系链接成社会网络的时候，你会发现每个建立人脉的成本是最低的。你不需要花更多的时间去做介绍，你不需要花更多的时间去请客吃饭，这些都省下来了。

我们的思考问题通常只站在自己的角度，再好的个人，其实都有自私的、丑恶的一面，这是因为单个人总是有系统偏差和缺陷。所以，认识一些带圈的朋友很重要的一点就是可以弥补我们个人在社会关系中的不足。

要认识一些带圈的朋友，首先必须假定一个前提，我们所拥有的人际关系如同做生意，也是一种社会交换。我们跟朋友之间之所以可以维持互动关系，是因为我们各自有可交换的东西，而且这种交换是不同价值的交换，是不同价值通过交换弥补各自的需要的。而且对双方都有意义的。

人际关系的黄金法则就是："你希望别人怎样对你，你就以怎样的方式对别人。"要获得朋友圈里的资源，就要舍得奉献你自己圈内的资源。

## 如何建立自己的推销哲学

日本"经营之神"松下幸之助有一次在街上走，他看见一个蹬人力车的人，口渴了，就走到路旁的自来水龙头边上，打开龙头就喝水。

他想，水是人生命的必需品，是最宝贵的东西。但是，自来水居然不值多少钱，人们可以随便地允许别人喝自己的水。那是为什么？因为自来水太多了，很便宜，大家都能喝得起。

由此，他想，自己的公司制造电器，也要把电器造得像自来水一样多，使所有的人只花费很少的钱，就能用得起电器。

这就是松下著名的"自来水经营哲学"。

松下公司之所以受到人们的尊敬，一方面是因为他们的电器质量精良，还有很大的一部分原因，就是松下的"自来水经营哲学"。

你要想成为真正的经营大师，要想成为真正的推销高手，一定要建立自己的业务理念，在这理念的基础上，逐渐发展出属于自己的推销哲学。

这种理念或者哲学，至少要有以下三个特点：

堂堂正正，没有任何龌龊的、见不得人的东西；

为社会服务，又结合自己的业务特点；

比较实际，不是专门讲给别人听的空洞口号。

作为一个优秀的推销员，你不但是公司里的推销员，还是社会的一分子，你在社会上，也应该有一个良好的道德形象。

## 面对大人物时如何保持自信

这里再讲一种特殊情况，许多推销员可能都说过，面对一般客户已经没有问题，但当他们与客户公司里的一些级别比较高的人物会谈时，往往会产生不太自信的感觉。因此，不敢跟大人物打交道。为什么？

因为你在与这些比较高级的人物打交道时，感觉有一些自己无法预料和无法控制的因素。就是这些因素使你对会谈的结果感到没有把握，因此，才感觉自信程度不足。

其实，大人物并不可怕。大人物也是我们的客户。

大人物也是人。他只不过是级别比较高，在某些方面有一些过人之处，在大部分方面，他与平常人并没有什么不同。

但是，大人物毕竟与我们平常接触的人不同，与他们打交道，有一些规矩，你应该记得牢一些。

大人物认为，自己是办大事的。你一定不要拿小事去烦扰他。

其实，大人物并不是时时有大事要等着他马上去处理，但他们就是在想象中认为自己是这样的。那么，你要注意：

把自己的材料准备充分，不要在与大人物会谈时遗漏材料。

如果你自己把握不大，请你的上司给你压阵。

把大人物当成大人物看待，同时也把他当成平常人。

几乎所有的推销员都会尊敬他们，在他们面前小心谨慎。当然，你也要尊敬他们；但普通的尊敬，在他们来说，并不稀罕，把他当平常人，不卑不亢地侃侃而谈，也许会让大人物对你刮目相看。

## 乔·吉拉德谈论汽车时在谈论什么

乔·吉拉德是美国著名的汽车推销员，由于其卓越的推销业绩，被业界称为“世界上最伟大的推销员”。他的汽车零售纪录已经被载入吉尼斯世界纪录，至今无人打破。那么，他为什么能取得如此辉煌的成就呢？乔·吉拉德本人的总结就是——对客户投其所好。

有一对夫妇结婚已经十年了，可一直都没有孩子。因此，太太养了几只小狗，把小狗视为孩子般疼爱。

有一天，先生一下班，太太便唠叨了起来，说来了一个推销员，看到小狗们在她跟前绕来绕去，却视若无睹，这使得她又伤心又生气，根本就没有心思看那个推销员的东西。

又有一天，先生一下班，太太便兴高采烈地对他说：“你不是说要买一辆车吗？我已经约好了雪弗兰汽车公司的推销员乔·吉拉德星期天来洽谈了。”

先生一听，甚为不悦：“我是说过要换一辆车，但没说过现在就买呀！你为什么要自作主张呢？”太太只好告诉了他事情的经过。

原来，雪弗兰汽车公司的推销员乔·吉拉德也是一个爱狗之人，看到这位太太养的狗，便大加赞赏，说这种狗毛色漂亮，有光泽，又清洁，黑眼圈、黑鼻尖，乃是最高贵的优良品种。乔·拉德的话说得这位太太芳心大悦，如见知音，便对他产生了深深的好感，很快就答应让他星期天来找她的先生进一步详谈。

这位先生确实想换一辆新车，但他优柔寡断，一直拿不定主意该换什么车，现在既然推销员乔·吉拉德上门来推销新车，看一看又何妨呢。

星期天，乔·吉拉德如约而至。通过一番交谈后，这位先生很快就被乔·吉拉德说服了，因为乔·吉拉德仿佛能看得出先生心里的真实想法，句句话都投中先生所好，令先生最后“当机立断”，买下了乔介绍的车。

懂得投其所好，就能成为推销冠军。这是世界上最伟大的推销员的一大成功心得。事实上，谈论小孩、宠物、花卉、书画、运动、嗜好等，都是在投其所好，都可以迅速缩短你与客户双方的心理距离，从而对成功推销、拿下订单起到极大的推动作用。

## 心态成就订单的案例剖析

### 美国联合保险公司董事长的座右铭

史东有句名言，叫“决定在于推销员的态度，而不是客户”。

史东是“美国联合保险公司”的主要股东和董事长，同时，也是另外两家公司的大股东和总裁。

然而，他能白手起家，他创出如此巨大的事业却是经历了无数次磨难的结果，或者我们可以这样说，史东的发迹史也是他勇气作用的结果。

在史东还是个孩子时，就为了生计到处贩卖报纸。有家餐馆把他赶出来好多次，他却一再地溜进去，并且手里拿着更多的报纸。那里的客人为其勇气所动，纷纷劝说餐馆老板不要再把他踢出去，并且都解囊买他的报纸。

史东一而再再而三地被踢出餐馆，屁股虽然被踢痛了，但他的口袋里却装满了钱。

史东常常陷入沉思。“哪一点我做对了呢？”“哪一点我又做错了呢？”“下一次，我该这样做，或许不会挨踢。”这样，他用自己的亲身经历总结出了引导自己达到成功的座右铭：

“如果你做了，没有损失，而可能有大收获，那就放手去做。”

当史东16岁时，在一个夏天，在母亲的指导下，他走进了一座办公大楼，开始了推销保险的生涯。当他因胆怯而发抖时，他就用卖报纸时被踢后总结出来的座右铭来鼓舞自己。

就这样，他抱着“若被踢出来，就试着再进去”的念头推开了第一间办公室。

他没有被踢出来。那天只有两个人买了他的保险。从数量而言，他是个失败者。然而，这是个零的突破，他从此有了自信，不再害怕被拒绝，也不再因别人的拒绝而感到难堪。

第二天，史东卖出了4份保险。第三天，这一数字增加到了6份……

20岁时，史东设立了只有他一个人的保险经纪社。开业第一天，销出了54份保险单。有一天，他更创造一个令人瞠目的纪录122份。以每天八小时计算，每4分钟就成交了1份。

在不到30岁时，他已建立了巨大的史东经纪社，成为令人叹服的“推销大王”。

推销员，可能是世界上最需要脸皮厚的职业之一。可以说，不经过千百次的被拒绝的折磨，就不能成为一个优秀的推销员。

## 乔·吉拉德的职业心态

成功的起点是首先要热爱自己的职业。就算你是挖地沟的，如果你喜欢，关别人什么事。无论做什么职业，世界上一定有人讨厌你和你的职业。

工作是通向健康、通向财富之路。它可以使你一步步向上走。全世界的普通记录是每周卖7辆车，而乔·吉拉德每天就可以卖出6辆。刚做汽车推销这行时，他只是公司42名推销员之一，而那里的推销员他有一半不认识，他们常常是来了又走，流动很快。

乔·吉拉德曾问一个神情沮丧的人是做什么的，那人说是推销员。乔·吉拉德告诉对方，推销员怎么能是你这种状态？如果你是医生，那你的病人一定遭殃了。

乔·吉拉德也被人问起过职业。听到答案后，对方不屑一顾：“你是卖汽车的？”但乔·吉拉德并不理会：“我就是一个推销员，我热爱我做的工作。”

有一次他不到20分钟已经卖了一辆车给一个人。最后对方告诉他：“我不想说我就在这里工作。他说来买车是为了学习乔·吉拉德的秘密。”他把订金退还给对方。

最好在一个职业上做下去。因为所有的工作都会有问题，但是，如果跳槽，情况会变得更糟。他特别强调，一次只做一件事。

以树为例，从种下去、精心呵护，到它慢慢长大，就会给你回报。你在那里待得越久，树就会越大，回报也就相应越多。

## 华纳·凡·布朗博士的思想力法则

心态是可以改变的。现在就开始正面地思考。要对自己有信心。要相信美好的事情会降临你身上。把自己当作是最好的。没多久你会发现，别人对你这个人及你所做的事，也会有同样积极正面的想法。

华纳·凡·布朗博士生前曾主持美国太空计划。

他的早年是在德国希特勒政权下的纳粹党人。纳粹党人因为使用他的技术，改善了火箭，差点就让大不列颠一败涂地。后来，他从断垣残壁的战败国来到了美国。因为国籍的关系，他无法摆脱侵略各国的残暴军队形象。

华纳·凡·布朗博士的肚子里有很多东西，不过他知道，如果想实现探险太空的理想，必须先向美国政府、美国人民、企业和工业界推销自己。

他想象自己在美国赢得了全新的正面形象，他拒绝让脑中存有任何其他的想法，他拒绝把生活看成失败的力量。他身处全然陌生的国度。他是一个外国人，于是他打开心胸，帮助他所接触的每一个人并表示他的友善。即使太空计划遭到挫折，他仍然开朗乐观，并且勇敢地实行他的理念。

他说，他必须心中先存有这样的想法才能行动。更重要的是，以和平而非战争的心态来思考，将替他的心灵带来无比的平静。

华纳·凡·布朗博士的思想力带领人类升空探索星星。因为思想力，才有那句话，“一个人的一小步，是人类的一大步。”

客户对推销员好，是推销员把自己当成最好。

## 寿险推销员乔·甘道夫的制胜法宝

顶尖推销员都是提前行动的楷模。当然，早起的推销员不一定会做得比别人好，可是由于他们的时间比别人充裕，就可以拜访更多客户，做更多事情，总结更多经验，取得最快的成长。

乔·甘道夫是有史以来第一位能在一年之内就推销超过十亿美元的寿险推销员。他每天清晨两点起床，到晚上10点才回家。

乔·甘道夫开始做保险时，每天早上五点三十分准时到办公室。

有一天早晨，他突然发现他车上的挡风玻璃上夹着一张卡片，这张卡片是一位与他在同一栋办公楼工作的律师留下的，卡片上写着：“到我的办公室来找我。”他还以为自己占用了律师的停车位，便去找这位律师，律师说：“年轻人，我要为我公司的每一位员工推荐向你购买保险。因为你是这栋大楼里唯一一个比我早到办公室的人。”这位律师还把乔·甘道夫介绍给他早餐俱乐部的会员，他们都是当地显赫的人物，都是一些需要大额人寿保险的有钱人。

乔·甘道夫在一次接受媒体采访时说：“我百分之九十的保单都是在上午9点之前完成的。”难怪在乔·甘道夫的客户中，有很多人都对他说：“你是唯一能在早上六点钟出现的推销员，这就是我们向你购买保险的原因。”

被日本人尊称为“推销之神”的原一平，在人寿保险界连续15年保持着全国业绩第一的纪录。原一平65岁应邀作公开演讲，当有人问起他推销成功的秘诀时，他当场脱掉鞋袜请提问者摸他的脚底板。

提问者不禁为他脚底厚厚的老茧惊讶地尖叫起来，原一平解释说：“这就是我成功的秘诀！”

只有比别人做更多的事情，服务更多的客户，才会创造出超人的业绩。勤勉是一种推销精神。具有勤勉精神的推销员更能值得客户信赖。

## 水果贩如何推销烂水果

市场上，一位水果贩遇到了一位难缠的客人。

“这水果这么烂，1斤也要卖6元吗？”

客人拿着一个水果左看右看。

“我这水果是很不错的，不信你去别家比较比较。”

客人说：

“一斤4元，要不然我就不买。”

小水果贩还是微笑地说：

“先生，我一斤卖你4元，对刚刚向我买过的客人怎么交代呢？”

“可是，你的水果这么烂。”

“不会的，如果个个都是超级完美的，可能1斤就要卖8元了。”

小水果贩依然微笑着。

不论客人的态度如何，小贩依然面带微笑，而且笑得像第一次那样亲切。

客人虽然嫌东嫌西，最后还是以一斤6元买了。

有人问小水果贩何以能始终面带笑容，小贩笑着说：

“只有想买货的人才会指出货如何不好。”

小水果贩完全不在乎别人批评他的水果，并且一点也不生气，不只是修养好而已，也是对自己的水果大有信心的缘故。有些推销员真的比不上这个小贩——平常有人说我们两句，我们就已经气在心里口难开，更不用说微笑以对了。

## 哈维·麦凯如何推销自己

你生命中最重要的一堂课就是发挥你的一技之长，让别人尊重你的价值。

哈维·麦凯大学毕业后在沃德的品园信封公司卖信封。当时，他收入低微，租不起公寓，他母亲也在那一年过世，家境艰难。面对这种处境，他想搭上成功的快车，但不知道搭车的地点，也不知道该如何搭车。

“为什么不善加利用你的一技之长？”哈维·麦凯的父亲提醒了他。

“到明尼亚波里斯找乡村俱乐部委员会，他们在明尼亚波里斯高尔夫联盟里的成绩一向殿后。告诉他们你以前在明尼苏达州大学高尔夫球队里的表现。你赢过两次市冠军，而且是州立高中竞赛的亚军。他们极需要新鲜血液，需要人才。看看是不是能免费让你加入，他们那笔惊人的入会费，并非我们可以负担得起的。”

为什么不试试呢？试一试又有何损失？哈维·麦凯也激动不已。

于是，哈维·麦凯来到了俱乐部，向俱乐部主席说明他自己的情况，并要求免费加入该俱乐部。

“免费？你希望我们接受你，一个22岁的小伙子！整个俱乐部里没有人认识你，你要求免费？我免费让你进来，让你来骚扰俱乐部里的会员，破坏我们的规矩吗？喔，对不起？”

“不不不，我不是这么想的。我的意思是说我可以赢得市联盟冠军赛，使咱们俱乐部的口碑和身价迅速提升，并得到一些意想不到的收入。”哈维·麦凯诚恳地说。

“好，只要你帮我们赢得市联盟冠军赛。我们就可以免费让你参加俱乐部。”

最后的结果是哈维·麦凯赢得了那场冠军赛，俱乐部主席免费让他加入俱乐部。

然而，俱乐部带给他最佳的报酬还不止于此。他认识了另一位拥有一柜子高尔夫球奖杯的前冠军选手卡洛安，也就是哈维·麦凯现在的妻子。

人生的价值就是别人愿意花钱来购买你的时间、智慧和技能。善于推销自我的人，成功的机会往往会比较多。这比推销产品更重要。

# 推销第四能力：敢于成交

买过我汽车的客户都会帮我推销。

——美国汽车推销大师乔·吉拉德

# 如何不放过即将到手的订单

## 如何不放过即将到手的订单

当你在办公室正忙得不亦乐乎时，忽然有人打电话要向你购买产品。相信很多推销员都会这样想：哇，好运降临，美梦成真。这样好的机会岂能错过。于是，就急切地想和他做成生意。

事实上，这只是推销的开始而已。假如你真的希望这个电话能为你带来一笔佣金收入，接下来就应该这样做：

1.不要急切成交，而是和他培养关系

打电话的客户与你素昧平生，你不知道他的最基本情况。如果贸然采用单刀直入的推销手法，势必会为你以后的推销设置障碍，还可能使客户产生退缩心理。因此，你需要做的就是与客户交流一番，感受一下电话那头是个什么样的人。

2.了解真实情况

在你和客户聊天的过程中，你可以询问一些对方的基本情况，比如姓名、住址、购买产品的理由，等等。推销是一个很实际的推销过程，客户的回答可能超出你的想象，也可能在你的意料之中。

3.和客户约定面谈

煮熟的鸭子也会飞走。即使你在电话中已经把客户说服，也要要求与他进行一次面谈，你可以这样说："还有一些很重要的事在电话里谈不太方便，我们不如明天见面我再详细说明。”

这时客户一般都不会拒绝，他想知道有什么重要的事。他通常就会这样说：“好吧，明天在某地见。”此时，你可以说出见面的具体时间。

推销就如同玩数字游戏，推销员的工作目标就是想尽一切办法，运用各种时机来提高自己胜算的概率。当然，最重要的一个前提就是要做到让对方感到你是关心他的。

在打篮球的时候要做到眼不离球。如果将这种方法运用到推销工作中来，却是很不明智的。假如满脑子想的都是即将到手的订单，最终就会丢掉订单。

## 什么时间报价最合适

许多人买东西第一个考虑的就是价格问题。遇到这一类型的客户，绝对不能在他还没有了解产品特色之前就说出价格，否则就轻易会失去一位客户。

万一客户主动问价，也不要一口气亮出底牌，最好含糊其辞。在没有做好准备之前，没有哪个推销员愿意被问及产品的价格。

很显然，你不想报价，除非你已经充分展示了产品的价值。另一方面，只有当客户了解了产品的价值之后，才能判断花钱买得值得还是不值得。

所以，最简单的一个方法就是忽视客户的问价，好像什么也没有发生过，继续作自己的产品介绍。要是客户再次问价，你就说：“请等一下，我马上就会谈到价格问题。”然后继续介绍，直到你认为时机成熟才会报价。

客户第三次问价时，你说："我很快就会谈到价格，但是我想让您了解多一些，这样您就可以发现这是一笔多么合算的交易。"然后你用一种友好的口气说："别担心，先听我解释，行吗？"

当你最终准备报价时，最好先制造一种悬念。

"好了，我知道您现在已经开始喜欢这些产品的优良品质了，我相信，等您发现这笔交易真是物有所值的时候，您一定会激动不已。"

稍作停顿之后，你接着说："好吧，您等了这么久，我现在告诉您价格是……"

出奇制胜后，写下价格递给他。在他开口之前，你又热情地补充说："瞧，您看我是不是为您提供了周到的服务呢？"

事情到了这个份儿上，客户往往同意买下你的产品。

记住，除非时机成熟，否则绝不报价。

## "讨价还价"意味着什么

除非你以极明显的低价促销，否则不会有客户不嫌价格贵的。不告诉客户能得到哪些利益，你就无法推销那些产品。

依照我们的经验，每个人都会抱怨价格太贵，但是根据前几年美国财富杂志的调查报告指出，大约只有4%的客户，在购买产品时真正考虑价格，其余的96%都会考虑品质。

客户一比较就知道两个不同品牌的产品价格不一样，但若客户不知道你的产品较贵的原因，他就会抱怨你的产品价格高。同样地，客户若不能充分知道你的产品能带给他哪些利益，当然也会感到价格昂贵。

价格高低，不在价格本身，而在客户从产品上获得利益的大小。例如：你将股票及一张贴纸让小朋友们挑选，恐怕没有小朋友会选股票。

价格问题只是一个表象。当你接收到客户提出的价格异议讯息时，你应该想到还有哪些利益是客户还不知道的，我如何让客户感到更多的利益，而不是说“一分钱，一分货”“保证值得”“实在不贵”“用了就知道”“保证不会让你后悔”“保证你买了还会再来”等空洞不具体的话语。

再举一些例子，化妆品的推销员，要能让客户深信能得到“青春永驻”的利益，健康食品的推销员让客户相信能得到“延年益寿”的利益。“青春”与“长寿”岂是价格能衡量的。这些例子告诉我们，只有给客户更多认同的利益，才能处理价格的异议。

因此，以目前的交易习性而言，客户要求折扣是难免的，“讨价还价”也许只是一个习惯的反应。若你能让客户充分知道他能得到哪些利益，你在推销上一定会更加得心应手。

在客户没有充分认同你能带给他的利益前，不要轻易地陷入讨价还价的战斗中。

## 处理客户异议的正确态度

客户提出异议，虽是为成交设立了障碍，但是，如果没有这些障碍的出现，推销员始终只能唱独角戏。客户一旦发表了异议，推销便进了双向沟通阶段。使推销有了进一步发展的可能。

客户的异议是多种多样的，不同的客户会有不同的异议。因此，推销员必须仔细深入地观察判断客户的言谈举止，掌握客户的心理活动状态。正确理解客户异议的言谈举止，区别与判断不同的异议根源，才能有效地处理好客户异议。

推销员应尊重客户异议，当推销员说明后，客户甚至会再一步提出新的异议，此时推销员应该虚心地听取客户的异议，并认真地分析客户异议的性质与根源。

推销员应及时替客户异议及其处理的方法与结果下结论。

所谓及时下结论，是指在推销洽谈过程中，推销员在倾听了客户的异议后，应立即进行总结，不是拖延。总结的原则是尽量实事求是，尤其不能夸大异议。并在征得客户对总结表示认同后及时对异议进行处理。

因为客户的购买决策，既受客户理智的控制，也要受客户情感的影响。如果推销员因客户异议而与客户争吵，即使争吵“得胜”，也会失掉成交的机会；如果推销员处理异议时冒犯了客户，就不仅只是失去一次成交的机会，也许会永远失去一个好客户。

在推销洽谈前，推销员应根据以往的经验与了解到的情况预测客户可能提出的异议，在洽谈前做好处理异议的准备工作。

## 客户准备成交的16个重要信号

推销的目的就是成交，成交才能创造财富。因此，促使客户行动，也就是“要求成交”，可以说这是推销过程中最重要，也是最困难的工作。

一个出色的推销高手和一般人不一样的地方就是，能很快、很准确地辨认出“购买信号”。

第一类：语言的购买信号

（1）询问现货问题

（2）询问细节、附件与赠品

（3）商议价格

（4）询问维修与售后服务问题

（5）询问他人的意见

（6）谈到其他购买者

（7）开始和你进一步讨论私人问题

（8）询问假设已经拥有该产品的问题

（9）询问你的意见

第二类：非语言的购买信号

（1）拿样品和手册再三打量

（2）手掌与手指不停搓弄

（3）表情豁然开朗和愉悦

（4）身体放松、双手放开、双脚停止交叉

（5）身体越来越前倾

（6）眼神闪闪发亮，强烈地感兴趣

（7）频频点头表示同意

作为推销员的你，如果能很快、很准确地辨认出这些“购买信号”，那么你离成交也就不远了。

## 为什么说被拒绝是好事

有一句行话说，推销员之所以领薪水，就是被人拒绝。这话有一定的道理，但实际情况是，当你没有遭到拒绝的时候，你的报酬更高。

我们都不想让自己受到拒绝，但拒绝仍然是我们的家常便饭，怎样让这碗难吃的饭不那么难吃，再进一步，想办法把这碗饭吃了，是每一个推销员经常应该考虑的问题。

常言说，好的开端是成功的一半，但我们知道，推销常常是从失败开始的。推销是一件从失败开始的事业。

那么，你究竟怎样才能获得成功呢？善待失败。失败并不可怕。

首先，失败给了你很强的考验。

你可以借此机会考察自己的心理素质：你究竟适合不适合做推销工作？你能不能接受暂时的失败？你能不能挺住失败带来的刺激？

其次，你从别人的失败中获得了机会。

被客户拒绝一次，10个推销员有5个会从此打住；被拒绝第二次，5个人中又少掉2个；再被拒绝，就只剩下一个人，会做第四次努力，这时，他的竞争对手只剩下自己了。

在保险业内，一个推销员每打50个业务电话，大约只有15个人有意和你谈谈，这15个人里面只有1个会向你买保单。谁是那个会向你购买保单的人，事先你无法知道。没有坚持不懈的精神，你根本不知道客户在哪里。

在美国，前几年进行过一次调查，结果发现，80%的订单是在第五次拜访之后才签订的。只有10%的推销人员在达成合约后还打电话，以稳定自己的订单。

推销人员就像足球场上的前锋，总是面临失败，但是我们发现这些前锋仍然没有失去信心，他们仍然在不知疲倦地寻找机会，不知疲倦地试图轰开对手的大门，虽然他一次次地遭到拒绝。

## 强力推销的骨牌效应

骨牌效应：将骨牌排成一直线，推倒第一个，其他的就会一个接一个地倒下来。

一个电视脱口秀节目正进行骨牌表演。节目中的来宾，一位年轻人，使骨牌表演目不暇接。骨牌被小心翼翼地一个接一个排好，几万个骨牌排成各种各样的图案。其中的高低起伏比路的坡度还大。排好之后，年轻人准备开始验收成果。

他用手指地推倒第一张骨牌，骨牌开始动了起来，他也笑了。卡啦，卡啦，卡，卡。第一张骨牌释出的力量不断地增加，传遍其他所有的骨牌，经过曲折的路线和螺旋的图形，一排接一排地倒下去。非常有趣，同时也以一种我们从未想过的方式，展现了自我推销的成功力量。

这就是连锁反应。

你一定在马路或高速公路上看过，交通阻塞、下雪、下雨或某些特殊状况时，一部车紧跟着前面那一部车，突然前面的车停了下来，后面却来不及刹车。于是后车撞上前车，前车又撞上了更前面的车，就这么一部接一部撞上去。隔天你就会在报纸上看到，九部或十部车的连环追撞。最前面的车根本来不及反应后面九部车发生了什么事。而最后一部车没想到他引发的动力竟传了那么远。

连锁反应！它的结果可能很糟糕。不过它的原理具有很正面的价值。没有人在自我推销时想被推倒。没有人想在车阵中被人前后追撞。推销成功招徕推销成功，推销失败招徕推销失败。不过，让你生命中的骨牌站立起来，而不是倒下去，是绝对可行而且很简单的，运用生命中的动力让你从困境中跳出来，而不要陷进去。

## 签约之后一定要说的几句话

一个电机厂的推销员痛苦地说："我站在那里，手里拿着合同，嘴里嘟囔出几句表示感谢的话，买主却稳坐在椅子上，用可怜的目光看着我。最后，他说道：'小伙子，你只需转过身子，走出门去就得了。就是这么简单。'我尴尬得无地自容，谁也没有告诉过我，在成交之后应该怎样离去。"

签订契约之后，客人和推销员都会感到松了一口气，尤其是客户突破犹豫不决的心理时，会对推销员产生亲切感。

但是，有很多推销员认为既然契约已经签好了，久留无益，就想尽早回去，或者再去拜访另外一位客户。

如果只是说一些应酬的话，敷衍了事，然后立刻就走，一定会再度让客人产生不安。客人心里会想："我签完字，推销员马上就要走，虽然相信他不会是欺诈，但是总觉得有些奇怪。"

推销员如果想要让客户100%地满意，签订契约之后的谈话是非常重要的。不只是为了使客人满意，更重要的是将来还有机会和这位客人交易，所以一定要建立良好的关系。

例如："如果你发现产品有什么不满意的地方，请你立刻和我联络，我会很快地来为你服务。保证期限是一年，万一发生了什么故障，也请你和我联络，我一定会尽力为你服务。"

这是强调售后服务的话题，对签约后的客户而言，这是他们最开心的。

或者说："以后如果你还需要什么方面的产品，请你和我联络，一定比普通商店服务得更周到。"这是为日后铺路的最好话题。

# 以加压方式成交的心理战术

## 原一平每月发出的1 000张名片

原一平说："推销从事的是人的事业。你认识的人越多，你服务的人就越多，那么你的收入也就会越多。不管你是推销房地产，还是日用品，只要你认识人的数量够大，那么你一定可以成功致富。"

1956年，齐藤竹之助完成4 988份合同签订的任务，是同行推销员中完成件数最多的，所以他成为世界了第一名。原一平每天拜访15位客户，平均每月发出1 000张有效名片，50年后，他累积的准客户已达2.8万个以上。因为他的准客户是最多的，所以他的业绩也是最好的。

你的成就永远跟你服务的人数成正比，你的收入与你服务的品质及服务的人数成正比。所有成功致富的人都在思考，如何让他们服务的数量不断扩大。如果你想要成功的话，就必须要增加自己服务的人数。

任何时候，你觉得自己的业绩不够好，你觉得自己还不够成功的话，就必须把你的焦点放在服务人群上——如何服务更多的人。当你可以服务更多的人时，自然就会有更多的人来认同你，来协助你达成你的目标。

推销员要养成思考的习惯——随时随地想着如何结交新的朋友，如何结交比自己更加成功的朋友，如何结交一些对自己有帮助的朋友，如何主动地去帮助成功的人，主动的付出，建立人脉。

当你不断地付出，而且持续不断地付出，帮助更多的人、服务更多的客户时，那么你自然而然就是顶尖的推销员了。

推销如果浓缩成一句话便是：尽量与更多的人见面。

## 二选一推销法

无论客户购买哪一种产品，对我们都是有利的。二选一，可将客户的注意力由决定是否购买转移到产品的选择上。

有一次，一对恋人一起去选购羊绒大衣。

他们所去的购物区，有很多羊绒大衣专卖店。

他们来到第一家专卖店，推销员的推销技巧较差，随手拿了一件大衣让女方试穿，并告诉他们："这件大衣打八折。"这个推销员根本没有考虑到他们的主观感受和心理特点。于是，他们又来到了另外一家商店。在这里他们遇到了非常专业的推销员。她同时拿出两件羊绒大衣，一件红色的和一件绿色的，然后告诉女方，穿红色的大衣能衬托出高雅的气质，而穿绿色的大衣会显得很年轻。这对恋人最终买了那件红色的羊绒大衣。

类似的方法还有许多，例如可以问客户："您是自己提货，还是需要送货上门呢？""把折扣算在价钱里，还是单算呢？"在向客户催款时，也可使用二选一法。来到客户那里，就可以问："您是上午结款，还是下午结款呢？"

推销员使用二选一法，表面上看是把成交主动权交给了客户，而实际上只是把成交的选择权交给了客户，有利于推销员掌握成交的主动权。由于客户在权利转移中的错觉，客户难以全部拒绝备选的成交方案。因为无论客户作出什么样的决定，都在推销员的目标范围之内，都能达到推销的目的。

## 如何即刻要求对方下订单

成交在推销过程中占有决定性的地位，很多人误以为这是一门高不可攀的艺术，其实不然。只要一切按部就班，准备周全，最后定案不过是例行公事。唯一要谨记于心的是：自己要提出要求。

墨本公司初创时，一位推销员费了好几个月的工夫，才约到了制造席梦思床垫的公司负责人席梦思先生和几位副总裁，以介绍公司可以提供的服务。整个会议的过程虽然很顺利，对方却没有点头答应的意思。

推销员心里想：老天！谁知道又得花几个月的时间才能将这些要人又聚在一起？而现在，可以做最后决定的席梦思本人，此刻就在场，如果不说，更待何时？

于是，推销员开门见山地说道："我们刚刚介绍了敝公司能为席梦思提供的服务，各位好像也颇为赞同。但是等我们一走，你们在百忙中很可能就把这事给忘了。我们等了4个月才有这个机会，现在既然大家都觉得这个构想很好，我们能不能就这样说定了呢？”

席梦思先生站起身来，说了声“好”，和这位推销员握了手，就走了出去，事情就这么成了。

## 制造成交紧迫感的四个经验

请求成交是推销的最终目的。没有订单，业绩和佣金永远和我们无缘。懂得活用“紧迫感”，你就必定是一位业绩非凡的推销好手。

制造“紧迫感”的用意，在于增强客户购买的信心，让他很清楚地知道，“现在”是行动的最好时机。

客户经常会以“考虑几天”“和太太商量一下”等借口拖延订单，这时候，你就制造紧迫感。你可以诚恳地说明，如果延迟购买，他的健康状况可能改变，就要在将来付出更多的金钱和精神损失，你也可以委婉地告诉他，这东西将来会更贵。

如果你推销投资性产品，你可以对客户说：“现在是投资这项产品千载难逢的最佳时机。今天用这个人价格买进，一年后至少有三倍以上的收益。让我们抓住这个大好机会，我要帮助你买。”

有位推销高手的建议颇有见地：“带有限的产品到研讨会里，可以加强‘紧迫感’。如果你身边有足够的产品，绝大多数客户听完产品说明后，内心深处多多少少会产生立即拥有的念头，只要你的产品恰好能满足他的需求，你稍微暗示：‘趁早带回去使用，早买早享受。’客户不知不觉就会产生拥有的‘紧迫感’，交易就自动完成了。”

以下四个经验，有助于我们制造紧迫感排除客户的拖延借口，轻易签下订单：

1.商谈开始前，咨询对方参与做决定的人还有谁，要求该人一起商谈。

2.告诉他是最佳购买时机前，说一些赞美的话。

3.不要害怕被拒绝，要持续要求。

4.明确说出“现在行动”，客户可以获取最大的好处或利益，并指出道理何在，直到他完全相信、认同为止。

总而言之，你要让客户知道，此时下决心最为明智，风险最小，而且获益最多。

## 以加压方式成交的心理战术

对客户施加压力并不是强迫客户来买你的产品，而是运用一种心理战术，使客户无形中感到一种压力，这种压力是他们自己产生的，他们感觉不出这是由推销员造成的。

推销员在进行产品推销时，要想方设法先使客户感到慌里慌张，没有阵脚。然后，再进行你的推销，这就是本法的基本内容。

当然，推销员应该具有高度的说服力，要使你的话深入人心，能引起他们的共鸣。

使用这种推销法，事前必须小心从事，做好充足的准备。在洽谈的过程当中，恰到好处地改变当时的气氛，如果说中间有一步弄错，则会满盘皆输，生意泡汤。

这种方法，对那种说服力极强、应变能力好的推销员特别适用。因为此法要求推销员说话要有感染力，对于环境有极强的控制能力并能灵活地加以变换。

下面是应用此法的一些语言技巧，涉及各个方面：

（1）“这么昂贵、豪华的衣服，我觉得不适合于您工作的环境，看看便宜一点的吧，也许会更适合于您需要。”

（2）“这件产品的价值，如果按天计算，每天只需要三四块钱，而每天哪地方不能省三四块钱。让您孩子少吃一点那种不利于健康的食品，把节省的钱用在这件有意义的产品上多划算！”

（3）“我认为您应该再做一些考虑，而不必去找我们上司的麻烦，他的业务非常繁忙，您不需要去打扰他。您自己仔细想一想就可以理解像您这么年轻，经济支付能力恐怕够不上买这一类型的产品，您考虑周全之后，再来怎么样？”

运用这种推销方法，在进行过程之中应该注意如下两点：

一是掌握自己说话的口气；连续不断提出问题，一直到客户对谈论的问题有所表示。

二是对特殊情况，例如，谈论问题的焦点，应首先进行解决。

## 遇到无所不知的客户怎么办

有这样一类客户，恃才而傲，自以为无所不知，无所不晓，更是无所不能。在他们看来，根本不用什么推销员，就可以买到最好的产品。

遇到这一类客户，怎么办？最好的方法就是运用冷淡方式推销，压住他的盛气，使他们乖巧地与你合作。

与他们谈话，你尽可用下列这样的语气：

“尊敬的先生，您大概不知道吧，我们的产品并不是随随便便地对任何人都进行推销，这会影响我们公司的荣誉！”

当你说出这一段话时，你再也不必对他们说什么，就会使他们发生反应。不等他们开口说话，并且当他们还处在一种惊奇的状况时，你又接着说：

“我们公司只对特殊的客户服务，对客户和服务项目都要经过严密的核查和选择。这一情况，相信大家都略有耳闻。”

“在选择推销对象上，首先，我们要求客户必须符合一定的条件。话又说回来，能符合这种条件的客户不是很多。因此，总会有例外情况，我想，像您这样的有知识的人一定能够理解我话中的含义，是吧！”

说了这么多之后，你可以稍微对他们谈及一点生意上的事情：

“如果您想了解我们对客户服务事项，我可以提供一些资料给你们。不过，在这之前您是否需要先申请一下付款的手续问题？这对我们两者都有利，既可节省您的宝贵时间，同时也方便了我们。”

客户同意你的意见，并表示出想买的意愿，而你仍应装出一种满不在乎的神态。等到时间成熟，你就改变推销策略，热诚地为他们服务，直到填好了订购单。

## 如何假定再度成交

和满意的客户做生意是件愉快的事，因为做下一笔生意就容易得多了。但不要认为所有事情都是理所当然的。你也必须知道如何结束这些拜访。

当你的客户已经从你的产品和服务中得到好处时，由于他们了解你产品的价值，你会假定他们将会和你做第二笔生意。这是合乎逻辑且聪明的假定。

再度拜访老客户时，建议你勇往直前。例如，一家男子衬衫制作公司的推销员到男士服饰店盘存，他告诉店主：

“你需要一打以上大号的白衬衫，半打中号白衬衫，四件小号白衬衫。然后，蓝衬衫……”

请注意，他并没有问：

“你需要再订购些衬衫来补足你的存货吗？”

同样的道理，股票经纪人会说：

“我们已经赚进了丰厚的利润，现在我们以每股40元的价钱卖出XYZ公司二千股的股票，再以10元一股买ABC公司八千股的股票。”

此处，股票营业员会假定已经成交。她不问：“你想要卖XYZ公司的股票吗？”而问“你想买八千股ABC公司的股票吗？”

每笔生意都会成交，老客户都在你的名册里。

他们并不属于你，因为还有其他人可以提供相同的东西给他们。一旦你有满意的老客户，一定要继续提供给他们完善的售后服务。

## 如何把人际网放进钱包

你在公司里工作的过程中最大的资本不是你赚了多少钱，积累了多少经验，而是你认识了多少人。而这些人又有多少人成为你的核心人际网，这些核心人际网不仅对你还在这个公司工作时有用，即使你以后离开了这个公司，这个人际网还是会带给你很大的财富。这些人是你重新创业的重大资产。你知道你在创业过程中一旦遇到什么困难，你该打电话给谁。

邱先生曾经在一家服装店工作两年时间。后来因为与老板发生一些不愉快，愤而辞职并执意开这家服装店。但苦于没有资金，虽然为别人打过工，工资也不菲，但除去日常开支已所剩无几。后来，苦于无奈，只得找在打工期间认识的朋友，他们有些是供货商，有些是曾光临过服装店的客户。由于邱先生在过去与他人交往中关系处理得很不错。这些供货商、客户在他独自创业之时，都愿意帮他一把。这样一来，他就不需要太多的成本，而且因为生意好，成本马上就回来了。

换工作时，我们往往会关心是否可以留住退休金医疗福利。其实最重要的是你的人际网，它必须是可以带着走的。请把你的人际网放进你的钱包，随身带着走。

假设你是个推销员。你的公司会将你的电话资料视为公司资产吗？当然会，但你最好别答应。如果在这个问题上有所争议，你最好自己手上有一个备份，以便保护自己的权益。

拷贝一份，放在家里。在公司的那一份或许是他们的资产。但家里的那一份呢？如果你是用自己的钱拷贝，而且是用自己的时间，又放在你家，那就是你的，不是吗?

送给各位一句话：在这个资讯、工作甚至所有公司都是变化无常的世界里，只有你的人际网是永恒的。好好保护它吧!

## 怎样使示范动作富有新奇感和趣味性

仅靠推销员的介绍，客户的印象不一定很深，也不一定完全相信，肯定不如一边听，一边再有些其他的配合来得好。

要证实你的产品对客户有好处，最常用的办法是示范。所谓示范就是当着客户的面展示并使用产品，以显示出你推销的东西确实具备能给客户带来某些好处的功能，以使客户产生兴趣和信任。

熟练地示范你推销的产品，不仅能吸引客户的注意力，更能使客户直接对产品发生兴趣。可以说在推销中，引起客户兴趣的主要手段就是示范。示范最能给人以直观的印象，示范效果如何将决定推销的成功与否。那么怎样才能使示范动作富有新奇感和趣味性呢？下面是一些可供揣摩的范例。

一个卖胶水的推销员，让客户在一页纸的一端涂上胶水，然后粘在一本厚书上，并用这页纸把书提起来。他用这种方法向客户显示了胶水的粘合力。

一个灭火剂推销员，把要推销的特殊灭火剂泡沫喷洒在自己手上，然后用喷灯对着手喷射。这样的示范，比用这灭火剂扑灭任何大火的效果都要强。

一家铸沙厂的推销员，为向铸铁厂推销铸沙，当他会见该厂的采购经理时，一声不响地摊开一张报纸，然后从皮包里取出一袋沙突然倒在报纸上，顿时尘土飞扬。采购经理咳了几声大吼："你干什么？"这时推销员才说："这是贵公司目前采用的沙，是我上星期从生产现场取来的样品。"说着，又在地上铺开另一张报纸，接着取出一袋沙倒在纸上，这时却不见尘土飞扬。这使得采购经理很诧异，兴趣马上就来了，并马上主动与该推销员洽谈了起来。最后，推销员又开拓了一家大客户。

只要示范能有效地吸引客户的注意并引起其兴趣，就能很容易地赢得客户，拿下订单。

# 敢于成交的案例剖析

## 乔·吉拉德猎犬计划

宁可错付50个人，也不要漏掉一个该付的人。

乔·吉拉德认为，干推销这一行，需要别人的帮助。乔·吉拉德的很多生意都是由"猎犬"——那些会让别人到他那里买东西的顾客，帮助的结果。

乔·吉拉德的一句名言就是：买过我汽车的顾客都会帮我推销。

在生意成交之后，乔·吉拉德总是把一叠名片和猎犬计划的说明书交给顾客。

猎犬计划的说明书告诉顾客：

"如果您介绍别人来买车，成交之后，每辆车子您将会得到

25美元的酬金。”

不要小看这25美元的酬金。这小小的酬金能说明一些问题：第一，乔·吉拉德是尊重别人劳动成果的。一个人没有理由为另外一个人做一切。任何人，只要付出了时间，都应该给予酬谢。第二，乔·吉拉德这样做向别人呈现了自己的敬业精神：高度的自信和热忱。试想，谁不愿意成为非常敬业的推销员的客户呢？

乔·吉拉德做这件事不是搞花架子，不是作秀。几天之后，乔·吉拉德会寄给顾客感谢卡和一叠名片。以后，至少每年，他成交过的客户都会收到乔·吉拉德的一封附有猎犬计划说明书的信件。乔·吉拉德提醒他们，自己的承诺一直有效。

如果乔·吉拉德发现客户是一位领导人物，那么，乔·吉拉德会更加努力地促成交易，并设法让这位领导人物成为猎犬。

乔·吉拉德实施猎犬计划的关键是守信用——不论客户要不要，他一定要付给客户25美元。乔·吉拉德的原则是：宁可错付50个人，也不要漏掉一个该付的人。

1976年，猎犬计划为乔·吉拉德带来了150笔生意，约占总交易额的三分之一。

乔·吉拉德付出了1 400美元的猎犬费用，却收获了75 000美元的佣金。

## 回马枪推销法

当你尽了所有努力后，发现准客户仍然不配合，你已经觉得自己无能为力时，你应该怎么办呢？与其不能继续进行推销活动，不如很礼貌地放弃并准备离开！

郭小姐向一位客户推销，谈了很久依然没有办法成交，最后搞得双方都有些不耐烦了。好在郭小姐还算经验丰富，主动对客户说："看来咱们今天是无法达成一致了。不过没关系，买卖不成仁义在嘛！今天交了您这个朋友我非常开心，希望以后我们有机会合作，那我就先告辞了。"

说完，郭小姐就起身往外走。即将走出门外时，郭小姐突然转身折了回来，走到客户面前诚恳地说："今天没有达成合作没有关系，我从事这个行业时间还不是太久，能不能给我提点意见，看我哪里还做得不够好，以便以后我能做得更好。帮帮我，你看好不好？"

客户看到郭小姐很虔诚的样子，于是说道："你的产品也不是不好，说实在的，主要是……"针对郭小姐的产品，客户提出了自己最为担心的一个问题。郭小姐一听心想："原来是这么回事啊！"然后，他故意夸张地说："原来是这个问题啊。刚才怪我没有说清楚，来，我给您再说一遍……"

最后，郭小姐拿下了这笔订单，而且赢得了一个长期客户。

很多推销专家把这种推销办法叫做回马枪推销法。它是指在客户最后放弃成交之前，推销员要求对方提供帮助，希望获得机会后再伺机而动的成交方法。

这种方法实际上是再创造一次和客户沟通交流的机会。当推销看似已经结束，而你又转身折回时，客户已经放下了戒心，他这时说出来的话可能才是他真正抗拒的原因，也是先前未能成交的最大障碍。当推销员正好又能解决掉这个问题时，成交自然水到渠成。

## 百科全书推销员的推销故事

促使客户订货，是推销员所要达成的最终目的，但并非是每次去访问客户的特定目的。在确定了访问目标之后，推销员就必须致力于制定达到目标的最佳途径。

有一位推销百科全书的推销员。有一次，他去拜访一位外科医生，有很多同事在这位医生面前束手无策，而他只拜访一次就搞定了。在拜访前，他先对这名医生做了一番了解，知道了医生的母亲经营一间浴场，而医生本人，则对植物比较感兴趣。

当医生得知他的身份后，毫不客气地下了逐客令。这名推销员一点也不感到意外，“我已到你母亲经营的浴场里洗得干干净净才来，应该有资格与你谈谈吧。”这么一句话让医生对这名推销员有了好感，当推销员离开时自然又得到一笔订单。

有人会抱怨客户心理很难捉摸，事实上有些简单的讯息正显示出客户的购买欲。这些讯息通常会有这样的表现，譬如“我很想买一个，但价钱这么贵……”“过一段时间再说”，等等，缺乏经验的推销员可能觉得这样的反应是一种拒绝。

其实不然，很多情况下是因为你还没有彻底说服对方，只要你再努力坚持一下，挠到客户的痒处，你就有成交的希望。

## 保险推销员如何带给客户幸福感

保险推销员关先生的业绩很好，是保险业的推销高手。有一天，同事们告诉他，有一位女士拥有名车、别墅和大笔存款，可就是不愿意投保，而且脾气孤僻，谁去谁碰壁。

关先生听了之后不以为然，因为他一向认为，天下没有攻不破的堡垒，世上没有征服不了的客户。于是，他决定去向这位女士推销保险。

通过深入调查，他了解到，这位女士的丈夫是一家房地产公司的老总，后因与女秘书有染，和她离了婚。她人过中年却遭丈夫遗弃，难免心情很不好。获悉了这些基本情况后，他心里已经有了底，知道如何和她打交道了。

在一个周六的早上，他精心打扮了一番，然后买了一束鲜花，小心翼翼地捧在胸前，敲开了这位女士的门。没想到，他刚向她说明来意，她就"砰"的一声关上门。所以，他准备好了的一大堆话都毫无用武之地了。不过，他是绝不会轻易撤退的，于是便站在门外傻傻地等。等啊等，他就这样站在那里一直等到了傍晚，直站得头晕目眩、手脚麻木。而那束鲜花也快被他手心里的汗水给焐热了。

就在这时候，那位女士家的门打开了。女士走了出来，发现他还站在门口，便大感惊讶："你怎么还在这里，难道你在我家门口整整站了一天？快进来！快进来！"

他头昏脑涨地准备走进门去，可是腿脚都已经有些不听使唤了，所以他只好强打精神将那束鲜花递了过去。女士接过花，脸上绽开了羞涩的笑容："哎呀！你瞧我这把年纪了，还是头一回有人送花给我呢！真是太谢谢了，谢谢你让我感到了一种幸福！"

关先生已经饿得有气无力，只好向她微笑了一下，留下自己的名片，然后告辞。

第二天，关先生拿到了那位女士投保的一张20万元的保单。

作为一名推销员，如果你能像关先生那样，用真诚的心为别人带去快乐和幸福的感觉，相信你什么东西都能卖得出去，只要客户有相应的购买力。

## 保险柜推销员突破困境的办法

无论是谁，只要从事推销，在推销生涯中难免会遇到业绩惨淡的时候。面对推销困境时，你必须学会寻找提升业绩的出路，才能突破推销瓶颈。要提升业绩，就必须懂得挖掘和激发出客户的潜在购买欲望。

班迪拉在闹市区里租了一间店铺，满怀希望地做起了保险柜的生意。然而，经营了大半年，他的生意依然惨淡无比。每天，虽然有不少人在他的店前走来走去，却很少有人走进店里，更别说光顾他的生意了。

看着店前川流不息的人群，班迪拉想来想去，终于想出了一个突破困境的办法。

第二天，他匆匆忙忙地前往警察局，借来了正被通缉的一些重大罪犯的照片，并将照片放大好几倍，贴在门口的玻璃上，照片下面还附上了说明。

通缉犯的照片被贴出来之后，行人们都被吸引住了，纷纷驻足观看。人们在看过逃犯的照片以及通缉令上的介绍后，都产生了一种恐惧心理，本来不想买保险柜的人，此时也想买一个了。

很快，班迪拉的保险柜生意有了很大的转变，原本生意清淡的店铺，如今变得门庭若市。在改变了推销策略后的第一个月，班迪拉的保险柜卖出了48个；第二个月，又卖出72个。在以后的每个月里，他的保险柜都能卖出80个左右。

除了他的生意变得红火外，他还获得了荣誉。原来，因为他贴出了逃犯的照片，使得更多人看到了，从而有更多人提供线索给警察，警察们缉拿罪犯就有了更多的帮助。最后，逃犯都被缉拿了回来。所以，班迪拉得到了警察局的表扬奖状，报纸对此也做了大篇幅的报道。班迪拉呢，则毫不客气地把表扬奖状，连同报纸一并贴在了店铺的玻璃窗上。这些都是锦上添花，帮助他的生意变得更加兴隆了。

在广告界有一个叫“眼球效应”的词，说的就是想让产品的销量激增，就必须努力去抢夺消费者的眼睛视线和注意力。作为推销员，也必须懂得这个道理。只有抓住了客户的眼球，激发出了客户的潜在购买欲望，才能扩大消费，提升销量。

## 美国一家大型航空公司以退为进的技巧

推销员为了赢得客户的信任，往往要把产品的功能、性能向客户不厌其烦地介绍，直到客户购买产品为止。宣传产品当然是好事，但推销员对客户穷追猛打，客户相反会讨厌推销员、讨厌产品，因此，推销员在商务推销中，适时做到以退为进，这种推销技巧比较容易赢得客户的好感。

美国一家大型航空公司要在纽约城建立航空站，想要求爱迪生电力公司以低价优惠供应电力，但遭到电力公司的拒绝，并推托说这是公共服务委员会不批准，因此洽谈陷入窘境。后来，航空公司索性不洽谈了，声称自己建厂划得来，不依靠电力公司而决定自己建设发电厂。电力公司听到这一消息，立刻改变原先的强硬态度，主动请求公共服务委员会从中说情，表示给予这类新用户优惠价格。到这个时候，电力公司才和航空公司达成协议。从此以后，这类大量用电的客户都享受了相同的优惠价格。

这场推销谈判在开始阶段，主动权掌握在电力公司一方，因为航空公司有求于电力公司。当自己的要求被拒绝时，航空公司便耍了一个花招，给电力公司施加压力，因为若失去给这家大航空公司供应电力，就意味着电力公司损失一大笔钱，所以电力公司急忙改变原来的态度，表示愿意以优惠的价格供电。这时谈判的主动权又转移到航空公司一方了，从而迫使电力公司再降低供电价格。这样，航空公司先退却一步，然后前进了两步，生意反而谈成了。

商场如同战场，推销也如同打仗一样，推销时虽然不像战场上那样刀光剑影，互相残杀，但亦是互相交锋，争斗激烈。有时要坚持继续谈下去，有时则要暂时休会下次再谈，有时要据理力争，讨价还价，有时需要暂时退却，待机而进。商战如同兵战，推销战术技巧的灵活选择和娴熟运用，全凭推销人员的经验与智慧。在推销中，推销员正确地分析自己与客户的最大不同点，大多采用避客户锋芒，先让一步，然后请君入瓮后发制人。

## 复印机推销员如何应对“考虑”一下

“考虑一下”是一种拖延，而不是真正的拒绝。

当你找出真正拒绝原因并巧妙处理时，才能成交。

以下是一位复印机推销员在听到客户李先生说“考虑一下”之后的对话：

推销员：太好了！要考虑一下就说明您有兴趣。是吧，李先生？

李先生：对。

推销员：您说要考虑一下不是为了快点摆脱我吧？（用调侃的语气说。）

李先生：哦，不是，不是。（笑）

推销员：（认真地）您知道，李先生，这是一个重要的决定。一台复印机可不仅仅是一台复印文件的工具。每一次你给客户寄了一份复印的文件，它都代表着你们的公司的形象。我相信您同意我的这种说法。如果要买复印机的话，您还需不需要和公司里的其他人商量？（含义是：你是唯一的决策者吗？还有其他人参与决策吗？）

李先生：不用，我就能决定。

推销员：我知道您是广告方面的专家，看您在这方面的名气有多大就知道了。不过呢，在复印机方面，我可是专家。以我在这领域6年的经验，我发现很多时候大家考虑要不要购买一台复印机的时候，都会想到很多重要的问题，但是又得不到解答。既然购买复印机是和您公司形象相关的这么一件大事，能不能这样？在您考虑的过程中，我也和您在一起，以便随时回答您的任何问题？这样是不是更好？现在，您能告诉我您主要考虑哪些方面的问题吗？（这样你就可以找到真实的拒绝因素了。）

当潜在客户说“我需要考虑一下”时，有一半的可能是他们会购买。如果你使有了正确的言辞，就有希望推销成功。

## 乔·吉拉德和遍布世界的名片

乔·吉拉德连续12年保持全世界推销汽车的最高纪录，平均每天推销6辆，被载入吉尼斯世界纪录大全，成为“全世界最伟大的推销员”。

有人想请教卖出这么多汽车的秘密。乔说，他最讨厌的就是有人装模作样说什么秘密，这世上没有秘密。“我用我的方式成功。”乔·吉拉德说，他并非推销产品，而是推销自己。

生意的机会遍布于每一个细节。很多很多年前乔·吉拉德就养成一个习惯：只要碰到人，左手马上就会到口袋里去拿名片了。

“给你个选择：你可以留着这张名片，也可以扔掉它。如果留下，你知道我是干什么的、卖什么的，细节全部掌握。”所以，乔·吉拉德认为，推销的要点，并非是产品，而是自己。

“如果你给别人名片时想，这是很愚蠢很尴尬的事，那怎么能给出去呢？”他说，“恰恰那些举动显得很愚蠢的人，正是那些成功和有钱的人。他们到处用名片、到处留下他们的味道、他们的痕迹。”

每次付账时，乔·吉拉德都不会忘记在账单里放上两张名片。去餐厅吃饭，他给的小费每次都比别人多一点点，同时主动放上两张名片。因为小费比别人的多，所以人家肯定要看看这个人是做什么的，分享他成功的喜悦。人们在谈论他、想认识他，根据名片来买他的东西，经年累月，他的成就正是来源于此。

他甚至不放过看体育比赛的机会来推广自己。他有最好的座位，拿了一万张名片。而他的绝妙之处就在于，在人们欢呼的时候把名片扔出去。于是大家欢呼：那是乔·吉拉德——已经没有人注意那个明星了。

在演讲现场，乔·吉拉德也没有忘记散发名片：世界上最伟大的推销员，现在在卖名片。而他以此为荣。在全世界，到处有人问乔·吉拉德卖什么。他说，是全世界最好的产品——独一无二的乔·吉拉德。

不可思议的是，有的推销员回到家里，甚至连妻子都不知道他是卖什么的。从今天起，未来最棒的推销大师们：不要再躲藏了，应该让全世界都知道你，知道你所做的事情。

# 推销第五能力：完美服务

业绩第一，是因为服务用心程度第一。

——客户关系教练哈维·麦凯

# 什么方法让推销令人难忘

## 推销员真正卖的是什么

大多数的推销员都认定自己是在推销一件产品或一项服务。实物固然最容易说明价值，可高明的推销员通常推销的都是一种观念或一种感觉。以保险为例，人们所买的并不只是一纸保单，他们要买的是心灵的平安，财产上的安全感，及有保障的收入。这些都是准客户的观念，而保险只不过是一个工具罢了。

不要推销钻孔机，要推销它们所钻出来、弧度完善平整的钻孔；不要推销汽车，要推销名气与地位或者是驾驶的平稳感觉；不要推销保险，要推销安全，免于悲剧发生、财务安定的家庭；不要推销眼镜，要推销更清晰的视野和造型的优美；不要推销吸尘器，而要推销舒适整洁；不要推销锅具，而要推销简单操作的家务和食物的营养。

在准客户的眼里，他所能了解的，就是产品本身的好处，推销员要推销的也正是产品带来的好处。

有一次，一家超级市场破了金氏世界纪录，因为它一年的营业额竟然可以超过一亿美金，只是一家超级市场，一年为何会有一亿美金的营收？

老板说："我们并不是在卖食物，我们卖的是快乐，我们公司唯一的宗旨就是，让客户快乐。所以，我们在超市里摆了很多迪士尼游乐器材，放了非常好笑的音乐，所有的布置是为了让客户进来后，感到非常快乐。我们卖的产品是快乐，而不是食物。”

你要不断地思考，你到底真正卖的是什么。

如果你能够了解这一切，你的业绩必会有大幅度的成长；如果你还是无法了解这一点，你势必会天天碰壁而效果糟糕。

## 让客户感到安慰的字眼和话术

别急着排除反对意见，先让客户在你的肩膀上哭诉。

哭诉的意思是指客人对这笔交易的异议、他的借口、实际的原因或想象的理由，或者任何推托之辞。

克服异议，就是在克服成交的所有阻碍。在排除反对意见时，要记得加入同情的成分。让客人畅所欲言，提供他宽阔的肩膀，然后才做出你的回应。许多时候，回答客户的异议就好比玩扑克牌时把对家的王牌吃掉一样。你或许回应了客户的反对意见，不过他们会觉得你太直接、太自以为是。同情的成分，往往具有缓和的作用。

许多成功的推销员都会这一招。比方说：“我知道价格可能稍微高了一点，不过通货膨胀对我们的影响实在很大。我能够体会你预算的考虑。这样吧，我会提供轻松的付款方式，让我们皆大欢喜。”

用一些“我同情”“我了解”“我懂你的意思”“我也有这种感觉”之类的字眼。这些字眼表示你真的了解，你也很开心，并认同他提出的异议（不论是价格、尺寸、颜色、款式，等等），不过你会确保各方面都令他满意。提供宽阔的肩膀、同情的心态，来解除更多客户的疑惑、犹豫、或甚至敌意，而不是无情地指出冷硬的事实。

## 什么方法能让你的推销令人难忘

做一个与众不同的你，也就是要在客户头脑中留下一个鲜明的印象，让他们把你和别人区别开，让他们关注你做了什么、怎么做的，你说了什么、怎么说的。

你的难忘指数有多高？你离开后客户会谈论你吗？

以下是一些可以使你的推销令人难忘的方法：

（1）亲自送达。（2）快件送达。（3）额外赠送。（4）个性化的感谢。（5）用短信发个笑话。（6）引人注意的名片。（7）用邮件发一篇和他的爱好有关的文章。（8）他的生日时打电话祝贺。（9）送上表示感谢的礼物——礼物篮、植物、花。（10）送上个性化的表示感谢的礼物——一本关系客户爱好的书、他喜欢的培训。

要想令人难忘，你必须获得关于客户或潜在客户的信息。著名的“麦凯66”客户问卷把个人信息的使用提高到了一个新的水平。你必须有一个表格用来收集有关客户的信息：

获得个人信息并正确地使用，将有助于你对客户跟进。与众不同和令人印象深刻还意味着做一些有创造性的、个性化的事情，例如：如果你有演出票，不要只把票送给客户，你应该和他们一起去看。以他们的名字为慈善活动捐款。把他们评为“本月优秀客户”并寄去奖牌。策划客户奖励活动，如设立最佳客户奖、最具专业精神奖等。寄去一张手写的留言条，上面是一些与工作无关的事。

不要在意推销员有多强，而要在意拿什么证明我与别的推销员不一样。

## 定期拜访：推销员必需的日常工作

对客户进行定期拜访，是一个推销员的日常工作。这种间隔时间可长可短，但是，你不能等到有事的时候再去充当救火队员。如果已经起火了，即使你能够将火扑灭，那也多多少少会造成一定的损失。特别是在推销淡季，你的工作不是很多的时候，就应多到客户那里走动走动。

有些推销员对客户平时的刁难很有意见，觉得到客户那里去没有什么好聊的，来来回回都是那些客套话，所以不太愿意动。谈生意之前当然要寒暄客套一阵子，拉近双方的心理距离，才可以为谈正事创造一种气氛。如果没有什么要紧的事，你就应顺着客户的话题随便聊。

推销员在例行的巡访过程中，不仅要与主管采购业务的套磁，还得跟其他部门的人拉拉关系。即使见了财务部门开支票的会计出纳和管仓库进货出货的人，你也得笑脸相迎。如果对方老板有空，你也得到他们的办公室去拜访一下，这么做既是表示自己的敬意，也是防止对手挖自己的墙脚。

闲聊过后，如果客户没有什么不满，你就应主动谈谈自己的产品，问问他们有什么看法和建议。由于没有什么大的不满，在这个时候客户提的可能都是些鸡毛蒜皮的小事，但即使事情再小，你不仅要洗耳恭听，而且要郑重地做笔记。这不仅是你向公司汇报的依据，更重要的是表示你接受批评或建议的诚意。

定期巡访不仅是必须的，而且是必要的。其实，你只要做好充分的事前准备，自然就不会觉得头痛。想象一下客户可能关心和提及的问题，设计一下自己的回答。就当是走亲访友，只不过是这种走访是有目的的而已。

## 成交后推销员做的第一件事

每当客户已经同意购买，但在很多情况下，他还是有点不放心，有些不安，甚至会有一点神经紧张，这是一个非常重要的时刻，对推销员来说，沉着应对非常重要。客户在等待，看接下来会发生什么情况，他在观察推销员，看他是否会兴高采烈，看自己的决策是否正确，看推销员是否会“卷起钱就走”。现在，客户比以往任何时候都需要友好、温暖和真诚的抚慰，帮他度过这段难熬的时间吧。

成交之后，你应立即与客户握手，向他表示祝贺。记住，行动胜过言辞，握手是客户确认成交的表示。一旦客户握住了你伸出来的手，他要想再改变主意或退缩就不体面了。从心理上说，当客户握住你的手，那就表示他不愿反悔。

在与客户握手的同时，你还要向他表示祝贺，对他的明智之举表示称赞。

没有哪一位客户不喜欢受到称赞，所以你不必犹豫，你应该清楚地告诉他们，他们购买你的产品是多么明智，因为人们总是需要增强自信心。

有人曾问：“推销员难道不是出于对自身利益的考虑才去

祝贺客户的吗？”是的，但是要做好推销就必须这么办！你若能一如既往地对客户表示祝贺，没有哪一位客户对你抱怨。相反，你会常常看到他们如释重负的样子，好像在说：“我真是需要你帮我确认一下，因为我花了很多钱，我忍不住要怀疑自己是否做错了。”

## 完美服务=高品质+附加值

完美服务=高品质+附加值。

高品质的服务不但要符合顾客的需求，同时还要超越顾客的期望值。真正的高品质服务要做到用心，同时还要很用力。要有高品质的服务，首先要有高品质的人才。人是无穷的宝藏，人是可以培养和训练出来的。

服务有两个层面：技术更先进；服务更贴切。高品质服务的要求是：

（1）可造度。无论是在形象、口碑、还是后续服务上都要给顾客一个安全感，讲到一定要做到，绝没有令顾客失望的行为或事件发生。

（2）敏锐度。为顾客服务是从一见面就开始的。从内心到表情都要有一致性。从内心出发为顾客服务，那就是一种有品质的意愿。对顾客的需求迅速作出反应。

（3）保证。敢于向顾客购买产品或服务做出保证，向顾客作出承诺。

（4）同理心。对顾客感同身受，设身处地地为顾客着想。

（5）有形化。服务是用来做而不是用来说的。即使你现在还没有做到高品质的服务，但一定要把高品质的服务作为你的目标，因为目标越高，达成目标的可能性就越大，这就像是射箭，如果你的目标是月亮，你可能会射到大树上去，如果你的目标是大树，你可能会射到大地。

高品质的人购买的是一种高品质的服务，你把高品质的顾客服务好，你不赚钱都会很难。

什么是服务的附加值呢？服务的附加价值就是指向顾客提供本服务之外，不需要顾客花钱的那部分服务。现在，顾客在意的是：

（1）服务人员提供的服务是否有品质、有水平，服务人员的行为是否得体，是否能让顾客感到舒服。

（2）你的产品或服务是否符合顾客的需求，同时是否超越了顾客的期望。

（3）是否具有一流的服务流程，能够充分照顾到顾客的感受。

在现实生活中，我们不难发现许多的服务附加价值。比如去理发店理发，理发师会为你提供免费按摩，并告诉你一些护发美发的技巧；去服装店买一套西装，店方可能会送你一条领带，还提供终身免费干洗服务。

## 赠送礼物要遵循的三个原则

礼物在交易的过程中起着怎样的作用？极其重要。

礼物并不是专指那些有形的物件，很多东西都可以成为礼物。

刚见面时的礼物，最重要的是那些无形的东西。比如你对客户的微笑、热情的握手、不厌其烦的介绍等。

如果你们公司对每一个初次会面的客户都有小礼品送，注意，客户不会把这当成真正的礼物。因为每一个人都有，对他并没有显出什么特别之处。他会把接受这样的礼品当作一件平常的事情，如果你对他的态度不好，他仍然不会认可你。你应该把你的微笑与热情当作礼物，送给你见到的每一个人。

即使你的产品比别人的要便宜实用，如果没有礼物，也就是说，没有让你的客户感到高兴，最后成交的，肯定不是你。

当然，这里讲的“礼物”也不只是如此。究竟送什么礼品好呢？送实物比较难点。这常常会成为你头痛的事情。如果你已经知道了客户的爱好，在几种爱好之间，感到选择颇费心思的话，请你注意以下的原则：

（1）精神重于物质

固然，我们现在的社会是一个物质社会，但你送礼品的时候，还是要以精神性的礼品为首选。因为物质性的礼品容易被消费掉，它们的价值也不容易积累起来。而你送给对方的精神享受，久而久之，就会在你们双方之间形成一种密切的关系。这种密切关系实际上就是你最好的礼物。

（2）礼品要有特色

如果你从大街上购买几斤香蕉带去，这也是一件礼品，但是，这样的礼品不会在对方的心里留下深刻的印象。除非你是卖香蕉的，每一次都送给他最好的香蕉，时间久了，也能起到作用。

（3）赠送对方最喜欢的东西

这种需要，不是升官发财这样的需要，而是体现自己爱好、趣味的一种需要。比如有的客户爱好练习书法，那么，他的需要可能会有：质量好的文房四宝、自己喜欢的字帖等，这些都容易想到。他还可能需要：练习书法的朋友、书法家协会的认可、参加书法作品展览、有水平的人对他的作品的赞美等。

# 一流服务带来一流效果

## 印度商人为什么要烧掉名画

一个美国画商看中了一个印度人的三幅画，印度人说要250美元，画商嫌贵。

印度人便烧掉其中的一幅，画商见这么好的画被烧掉了，甚感心痛，问印度人剩下的两幅画卖多少钱？印度人还是要250美元，画商又拒绝。

印度人又烧掉其中一幅画。

这时，画商只好乞求道："千万别烧掉这最后一幅！"又问印度人这一幅画卖多少钱？印度人还是要250元，画商说："难道一幅画与三幅画能卖一样的价钱吗？"于是印度人把这幅画的卖价提高到500美元，最后竟成交了。

有人问印度人为什么要烧掉两幅画？印度人说："物以稀为贵，再则，美国人收藏名画，只要他爱上这幅画是不肯轻易放掉的，所以我烧掉两幅，留下一幅卖高价。"

客户在购买通常关心的是：我买到的车是独一无二，换句话说，我买的东西是不常见的，所以，稀有就是珍贵的——这就是所谓的少数民族效应。

## 李嘉诚和王永庆怎样做推销

业绩第一名的推销员，一定是在推销过程中最用心的人。

为了了解客户，他们做了大量的调查访问，甚至阅读大量的客户资料。在见到客户之前，他们就知道了客户的性格特点、爱好兴趣、家庭状况、职业特点、家庭成员的情况及他们的兴趣，以及他们目前最需要的是什么，最担心的是什么，最关心的是什么。

顶尖推销员都是客户的心理专家。

“一个杰出的推销员，非但是一名好的调查员，还必须是一个优秀的新闻记者。他在与准客户见面之前，对准客户的情况要了如指掌。以便在见面时，能够流利地述说准客户的职业、子女、家庭状况，甚至他本人的故事。由于句句逼真亲切，他们才能很快拉近与客户的距离。”原一平这样说。

华人首富李嘉诚15岁父亲去世。他在茶房招待客人之余，全力训练自己的观察力。观察客人的性格，猜测客人做什么生意，以及这个人的家庭状况，有没有钱等，并详加查证。他同时熟记每一客人的嗜好，并真诚对待。结果这个年仅15岁的小伙计所得的赏金竟然是最高的。

台湾王永庆经营的米行，也因其用心记住客户买米的周期，主动送米上门，而得以稳健发展。

东南亚第一位百万圆桌会员陈明利在谈她的经验时，说：“我全身心投入保险事业，对客户我有十足的耐心。无论客户怎么烦我，我都不会生气。就算身处百忙之中，仍然会想办法达到客户的要求。这份用心和努力，甚至让我的先生感叹地说：'我真希望自己是你的客户，而不是你的老公。'"

请记住，从事推销的你，应是你客户的私人秘书。

客户关系教练哈维·麦凯说："业绩第一，是因为服务用心程度第一。"

## 向客户提供个人保证

假如你的公司能为客户提供产品保证及保障，这将有助于你建立成交所需要的依赖感。你也可以通过提供你个人的保证，来增加客户对需求的额外保障。

几年前，一位与李先生从未有生意往来的公司推销员，因为有客户满意的口碑而快速扩张业务。他告诉李先生客户怎样使用他公司的产品与服务，并且介绍朋友也去购买。也告诉李先生有关他们产品的品质，以及他们如何维持品质管制，以及他们如何致力于确保每位客户绝对的满意。然后，他用以下这些关键词句敲定了这笔生意：

"除了我公司对产品的所有保证这外，我愿意提供我个人保证。我会以个人的力量来帮助您确定这是您所做过最好的决定之一。我真的希望您能够成为我的客户。"

李先生真的和其他购买者一样，对这强而有力的结论感动异常。

接下来几年里，李先生又陆续地向这位仁兄及他的公司买了好几千元的产品。他的结论排除了李先生最后的一丝怀疑犹豫。

向客户提供个人保证——便会带给客户最大的安全感。安全感是客户购买的第一个衡量指标。

## 推销员如何跟客户站在一起

证明自己有能力且愿意代表客户的利益，即使这意味着推销员会失去短期利益或缩减回旋余地。请做客户的支持者，客户会注意这一点的。

推销员如何做到站在客户这边呢？

如果公司没有告诉客户所需要的产品或服务，那就告诉客户哪里可能会有。或者更直接的说，帮客户找到一个更好的交易，即便业绩不属于你。当你不介意自己是否能得到这个交易，全心全意从客户的利益出发帮他们找到更好的公司时，客户就很可能在下次出问题时再来找你。

尊重客户和客户的资料。让客户知道，我愿意向你详细阐明我将如何对待你和你的资料信息。在保证不泄密的前提下，清楚地说明客户的资料信息将如何被利用。如果我计划分享或出售推销所提供的资料，应该事先征得客户的许可。如果客户要改变推销的政策，请通过客户，让客户可以在彼此不再合适的情况下做好退出的准备。

还有如果客户与我们分享私人资料，客户通常可以得到有偿的回报——无论它是更加个性化的体验，更高的价位，还是符合客户利益的建议。如果你因客户提供的信息而得到收益——当然要在客户同意的条件下——利益分配时要想到客户，或者要给客户其他有价值的回报。这样彼此双方都能受益。

## 如何圆满结束一笔交易

推销员可能从客户那里获得了金钱，但却并不获得客户的满意。对你来说，哪一个更有价值呢?

回到家，却失望地发现你的产品并不像你保证的那样好，或者是很难安装，或者是大小、颜色不合适，或者是根本无法解决客户的问题。是的，客户也知道这可能是他们的错，错不在你。客户可能拿错了产品，读错了包装上的说明，或者自己决定回家后再试。但不管如何，如果不合适，推销员都应该随时准备帮客户修正错误。

张开你的双臂，放宽你的政策，客户可以退货或者调换产品，给你们的交易划一个令人愉快的句号。

以下方法可以让你圆满地结束与客户的交易：

提供放心保证。在客户购买后不久，告诉客户作了特别明智的决定。如果客户必须等候他买的东西被送达，请务必让他们知道它何时到达，并且确保有它能被完好无缺地按时送到。如果迟到的话，最好在客户打开包装时有一些表示。

简化退货程序。在客户退货时不要让他觉得麻烦，请在收款处、收据上或者网站上告诉他们退货的政策不管客户是通过哪种渠道购买的，请让客户通过邮件或者在你的商店里进行退货。礼貌并快速地处理客户的退货事务，不要打电话让主管出面才能处理。更好的方式是，让客户少走些路，使客户可以打电话请公司服务人员在方便时来取，这才是真正的不麻烦。

将退款迅速汇入客户的账户。如果客户不想换货，他们希望你能迅速将退款汇入账号。这在商店里很容易办到，客户只要拿出先前用来购物的信用卡，然后就在那里将退款收回。

在客户提出退款或退货时，推销员就要赶快去执行，不要增加他们的顾虑。

## 出现服务漏洞如何补救

错误发生了，也许比客户想象的还要多，也许超出了推销员的预想。

没有关系，人非圣贤，孰能无过？但是，当陷入出境样的困境之后，却不履行推销员的职责，不采取一些行动，那样就不好了。

长时间的等候、迟迟收不到的订单、低劣的质量，这些都很容易产生，客户可以理解。但是，当这些问题出现的时候，请推销员说三个字："对不起！"即使那不完全是你的责任，也要对客户的处境表示一些真挚的同情，这样，客户就会表示理解，逐渐忘记错误并且原谅你，尤其是在人在道歉的同时采取一些改进措施的情况下。

通常，道歉会消除客户的失望情绪，但是不要忘记去尽可能地改正问题。当客户打来电话时，你应该知道如何引导客户去解决问题，应该知道所有能够解决问题的部门及其电话号码。然而，更好的是，赋予与客户打交道的所有人一项权利，使其能够直接为客户处理问题：退货，换货，退款或者提高品级。

客户很不愿意说："我可以和你的经理通话吗？"就像你不愿意听到它一样，因此，为什么不为彼此省掉这些没必要的麻烦呢？

## 如何善待难缠的三种客户

难缠的客户有三种：愤怒先生、投诉先生和寡言先生。

对愤怒先生要同情。千万别把客户的愤怒个人化，要把客户的愤怒理解为对事不对人。另外，也别自寻烦恼，没事找事。任何时候都要保持冷静，权且让“愤怒先生”先发泄完。

千万别当着他的面说是他错了。如果事情真的开始激化的话，设法转移到一个更隐秘的地方，别让人看到。

不要说“那并不是我的错”，因为此刻在“愤怒先生”耳中这种话无疑是“此地无银三百两”。要告诉“愤怒先生”你打算怎么做，然后立即做，并且确认这样做是不是会让他感到满意。

对待投诉先生要倾听。对投诉要学会聆听、表示同情并真诚道歉，但也要认清那些只是以此为借口来找茬的“投诉先生”——尤其是那些时不时就来这么一下的人。对对方的补偿一定要合情合理，要根据问题的大小来决定补偿的多少。

在和“投诉先生”打交道时，态度要谦和、立场要坚定，也千万别说“我知道你想诈我”这样的话。你同事跟你讲的关于“投诉先生”的故事也别太当真，因为随着时间的推移，很多事都会被淡忘。要记住，其实“投诉先生”的投诉是给了你一个把事情做得更好的机会，也让你有机会卖更多的东西给他。

对待寡言先生要积极发问。对这样的客户，你要时刻做好思想准备。了解他、观察他，尤其是他的肢体语言。“寡言先生”总是对什么都说好，即使他心里想的完全是另外一回事。对“寡言先生”你得学会洞察秋毫，坦率真诚地问他对现在的服务是否满意。

“寡言先生”其实是最难对付的客户，因为你常常是在他终止合同的瞬间才突然意识到他早就憋了一肚子气，打算休了你。

# 完美服务的案例剖析

## 英国建筑事务所与糟糕的JQK推销模式对比

现在，有很多推销员天天把“服务”两个字挂在嘴上，可实际行动中是怎么做的呢？他们连哄带骗，把产品卖给你就不管了。有人形容这种推销是“J（勾）Q（框）K（锯）推销”，先把你勾引过去，然后把你框住套牢，最后用钢锯把你锯得血淋淋的！更有很多商家，口口声声“终身服务”，但出问题时，这些推销员就从地球上蒸发了，你找谁服务去呀？

1917年，英国一家建筑事务所为中国武汉设计了一座大楼。这座大楼叫“景明大楼”，历经风雨，80年后依然高高耸立。

在中国大地上，谁也没有想到的是，近20世纪末的一天，也就是景明大楼度过80岁高龄后的一天，有一封信来自英国，信上这么说：景明大楼是本事务所1917年设计的，设计年限为80年，现已超期，敬请业主注意。

这不是一件大事，但它却非同寻常。

80年啊，很多人活不到80年，很多企业也活不到80年。修建景明大楼的人，以及见证修建的人，可能都一个个去了极乐世界了吧？谁还关心这座楼的安危呢？然而，在地球的另一边，却还有人关心着——这些关心的人，并不是当年的设计者，而这份责任，大约是一届一届员工“传承”下来的吧？

这能不让人感动吗？

相比于这家建筑事务所，很多推销员就该汗颜了。

## 乔·吉拉德250定律

这是有名的乔·吉拉德250定律——你只要赶走一个客户，就等于多赶走250个人。

乔·吉拉德刚做汽车推销员时，去殡仪馆哀悼一位朋友的母亲。在那天的殡仪馆里，主教拿着分发给他的弥撒卡，上面印有去世人的姓名和相片。以前他也看过这种卡片，可是从来都没有留心过。那天也不知怎的对它发生了兴趣，他问那里的主教：“您怎么知道要印多少张卡片？”

主持人回答道：“这全凭经验。开始我们数签名簿上的签字，做了一段时间以后就知道，平均每次来这里祭奠的人数大约是250人。”

不久以后，有一位基督教殡仪业主向乔·吉拉德购买一辆汽车，成交后，乔·吉拉德问对方每次来参加葬礼的平均人数是多少，得到的回答是“差不多250人”。

还有一次，乔·吉拉德同夫人一起去参加一位朋友的婚礼，婚礼在一个礼堂举行。当乔·吉拉德向礼堂的工作人员打探每次婚礼平均有多少客人时，对方告诉他：“新娘方面大概有250人，新郎方面也是如此。”

如果你得罪了一个客户，也就得罪了另外的250个客户，而这250个客户每人又都有250个朋友，这样推算下去，就远远不止250人了，其结果是相当惊人的。假定你一个星期拜访50个客户，其中有两个对你的态度表示不满，这样到了年底，就会有500人受到这两名客户的影响。假定你每个星期都得罪两名客户，使他们不开心，年底，受他们影响的客户就是26 000人。如果这样持续10年呢，那就是260 000人！

毁掉事情就是这样，只要你冒犯了一个人，就会失去250个客户；只要你让一位客户当面难堪，就会有250人在背后使你为难；只要你不喜欢一个人，就会有250人讨厌你；同样，只要你说一个人是坏家伙，就会有250人说你不是好东西！

## 戴尔电脑公司的“247”客服理念

任何优质的服务，都是以真真正正地关心客户为根本出发点。缺乏这种理念，就永远不可能赢得客户的忠诚。

世界上最成功的公司，也是最关心客户、服务质量最好的公司。

戴尔电脑公司极为重视对客户的服务，公司总经理说：“客户不只是国王，还是上帝。”戴尔公司的员工都知道“247”的工作理念，所谓“247”就是一天花24小时，一星期花7天做一切能满足客户的事情。当任何一位客户有问题时，员工必须立即放下手边的工作，去解决客户的问题。

一位客户在戴尔公司购买一部个人电脑。在有效服务期限的最后一天出了问题，而当天，并没有顺路的运输车辆。结果，戴尔公司的推销员最后摆脱正常的运作系统，干了一项额外的差事：他亲自开车到工厂，将修好的电脑送到远在休斯敦的客户家中。

真心关心客户的需求，一切为了客户，使得戴尔的公司服务得到了客户的认可。正是基于此，戴尔公司得以在80年代至90年代的电脑市场上立于不败之地。

戴尔公司的推销员都是世界顶尖的员工，他们的服务也是最好的。在完成每次推销后，他们会马上写一封亲笔信寄给新客户恭贺他。他们还会致函感谢那些推荐名单的人、打电话问候或题词送匾予以祝贺。

做推销就是做服务。如果你想成功的话，你就要问自己是否真正地做到关心客户、服务客户。不要总是推销产品，而是思考如何给更多的人提供更好的服务——你有义务为客户服务一辈子。

## 保险推销员善待竞争对手的成交案例

推销员主动攻击竞争对手，会给客户留下不好的印象，因此，不要轻易进攻竞争对手。这个原则同样适用于零售商。

有一次，贝吉尔去见一位准客户，这人正考虑买25万美元的保险，在这同时，有10家保险公司提出计划，角逐竞争，尚不知鹿死谁手。

贝吉尔见到他时，对方应道："我已麻烦一位好朋友处理，你把资料留下，好让我比较比较哪家便宜。"

"我有句话要真诚地告诉您，现在您可以把那些计划书都丢到垃圾桶里。因为保费的计划基础都是相同的起点，任何一家都是一样的。我来这里，就是帮助您做最后的决定。就银行贷款25万美元而言，受益人当然是银行。关心您的健康，才是最重要的。不用担心，我已帮您约好的医生是公认最权威的，他的报告每一家保险公司都接受，何况做25万美元保金的高额保险的体检，只有他够资格。”

“难道其他保险公司不能帮我安排吗？”

“当然可以，但是你可能会耽误三天，如果您患了感冒，时间一拖，保险公司甚至会考虑再等三四个月才予以承保……”“原来这件事有这么重要。贝吉尔先生，我还不晓得你到底代表哪家保险公司。”

“我代表客户。”贝吉尔迅雷不及掩耳的积极行动下，签下一张25万美元的高额保险，其所凭借的利器就是及时行动，尽快促成。

因此，在竞争对手林立的时候，推销员承认竞争对手的存在，必须保持慎重，不能轻易地进攻竞争对手或诽谤竞争对手。

## 录音机推销公司如何打电话

电话是人类有史以来最有效、最快速的联络沟通工具。有许多人就利用电话这个工具来推销产品。现在国外已有专门的电话行销公司，他们代理别家公司的产品，然后以电话的形式推销。近几年，国内还没有专门的电话行销公司出现，但已有人在讲授或开办电话行销的课程。

在英国有一位企业家，他一生都是推销一种产品。那就是录音机。他所经营的公司，每平方公尺成交金额是全球最高的，他的业绩进入世界吉尼斯纪录。有家媒体采访他，问他成功的秘诀是什么。他说：“每当客户来买产品，公司员工一定会给这位客户留下联络方式，总公司设有一个电话问候部，在客户买产品三天后，一定会打电话过去，感谢他们买公司的产品和服务，问客户对公司的产品是否满意，如果不满意，我们应该如何改善。”他们绝不会在电话中推销另一种产品，他们这种真诚的问候，给客户的感觉非常好，他们非常乐意继续购买该公司的产品。

电话的确是一个非常好的行销工具。但是，最优势的推销方式是人性化推销。推销高手怎样在打电话时做到与众不同呢？你不妨多打问候电话，少打推销电话。这样做的结果是：

（1）别人对你的感觉好，你是第一个打电话不谈推销的推销员，你与别人不一样，人永远喜欢不一样的东西。

（2）引发客户的兴趣。

（3）第二次打电话推销时，他不好意思拒绝你。

## 乔·吉拉德1年寄出的16.8万张贺卡

每个有梦想的推销员，每个月都应该给所有的客户每人寄出一封信。最好要手写，手写更能表达你对客户的关怀和尊敬。推销员越是关怀、尊敬客户，客户就越有兴趣和他做生意——人们在成交之后总是希望对方不要忘了自己。推销员制订一项写信计划，就可以确保客户不会把自己淡忘。

乔·吉拉德每个月都要给他所有的客户每人寄出一封信。他不会让这些信看起来像平常我们收到的那些邮寄来的广告宣传品一样，还未拆开就被扔进垃圾袋里。他会随信附上一张卡片，卡片封面上一律写“我爱你。”在卡片里面，他每月都要换新的内容。比如，一月份是“乔·吉拉德祝您新年快乐！”二月份是“乔·吉拉德祝您情人节快乐！”三月是“乔·吉拉德祝您圣巴特里克节快乐！”如此这般，乔·吉拉德一直写到感恩节和圣诞节。当然，乔·吉拉德也有冲动的时候，他冲动的时候会给一些客户寄去内容是这样的卡片：“今天是一个普普通通的日子，但对比昨天和明天，它却是新的，让这新的一天成为你的代表作！”

乔·吉拉德每年都会以非常愉快的方式，让自己的名字在客户家中出现12次。在他推销生涯后期，他每月平均要寄出1.4万张卡片——每一年，光卡片乔·吉拉德就要寄出16.8万张。他这样做，只想告诉客户一句话——乔·吉拉德非常在意他们。

乔·吉拉德的卡片和信非常有效果。每年所有交易的百分之六十五，均来自那些老主顾的再度合作。

没有人会因为自己收到一封信和一张明信片立即与推销员成交。但是，用心周到的推销习惯长期坚持下去，就会成为推销员本人的人生好习惯。一个好的人生习惯造就一个好的人生品质。

# 推销第六能力：专业制胜

客户见证讲的任何一句话，比你说 100 句话还管用。

——推销教练博恩·崔西

# 职业推销员的素养和习惯

## 成功推销七步走

许多人认为价值高昂的物品很难在第一次的访问中立即订立契约，但事实上只要技巧拿捏准确，还是可以将一般人眼中的不可能变成可能。

这种一次就可订好契约的方法，换言之，就是将推销要点重复地强调。这里简单地介绍它的步骤：

1.打招呼。对公司名称、自己的名字、天气等简单的寒暄。

2.转达自己的来意。告诉对方自己推销的是什么产品。

3.产品说明。包括产品的机能、特性、质量、颜色、设计，等等。所谓特性，就是这个产品所具有的推销重点。

4.提示条件。价格、付款方式，其他特别买卖条件。

5.再度强调推销要点。对于最切合客户的推销要点，重新再强调一次。因此，推销员在首次的商谈中就要注意哪个是客户最感兴趣的推销重点？价格、质量、使用的方便性抑或产品所象征的身份和地位？若强调的重点不对的话，很可能会功亏一篑，前功尽弃。

6.结束法的尝试。“那么怎么样？”温柔轻声地试探客户的反应。

7.推销结束。在第7个步骤中，如果能与客户的意见一致，就能慢慢地引导他进入订约的过程。这种“即决法”的精髓即在于抓住对客户具有决定性的推销要点，并以之为中心，不断地进攻。

最后要注意的，就是推销员的气魄问题，也就是心中要想着：“今天的机会一失去，就再也没有第二次机会了！”用这种想法、气魄，与客户接触时，自然就能坚持到最后一刻。

## 推销员最适合的着装标准

推销员最好的着装标准就是客户！

根据你即将拜访的客户的社会地位、经济状况和文化程度来决定穿着。因为人人都有一个潜在的攀比意识，当碰到一个陌生人时，他们都会自觉不自觉地进行比较，从而影响对推销员的判断。如果推销员的服装与客户的阶层差别太远的话，都会使客户在心理上和推销员产生一条鸿沟，不自觉地把推销员划入与自己对立的阶层里去，这样就会严重影响推销工作的顺利进行。这种有意识的阶层划分，会使客户对推销员产生不信任，最终拒绝接受推销员的产品。

推销员在与客户见面时，依据客户的态度、身份、文化等来选择不同的服装是很必要的。顶级推销员都十分注重自己的着装。他们会因情况不同，有时在一天之内要换好几次服装。因为他们认为要根据时间、地点、场合来选择相应的服装。

依照客户的不同，穿着不同的服装，这可以说是一种心理战术。一些专门走家串户去推销家庭用品的推销员，他们的服装就可以很随便，一般是一件夹克，一条西裤而已。因为他串的是家庭，接触的都是家庭主妇或退休老头老太太。他要是穿得太过整齐或高档，就会使他的客户产生一种格格不入的感觉。如果他们觉得太“贵族化”了，就会萌生出对推销员的不信任感来，相反如果你穿得过于破旧，人家就不会让你进门，会觉得你太落魄，当然就更不信任你。

## 初次拜访客户前的八项准备工作

世界最顶尖的推销员，在做任何事情之前，都要做非常充分的准备，因为他们都知道：成功总是降临在那些有准备的人身上。

你对准客户的了解，起码要达到10多年的老友那样。

一个顶级的推销员在推销前的准备是非常彻底的，包括事前资料的收集、模拟演练、角色扮演一切都要熟练，他们有备而战。该带的辅助用具、计算机、梳子、名片、笔、记事本、手帕、打火机、价目表、契约书、订货单、目录、样品……都会一一带齐。

大量的事前准备是推销员轻松签约的第一步。

假如你有九小时去砍一棵树，你要花六小时磨利斧子。

访问客户前，推销员要对自己的仪容、仪表、头发、皮鞋、穿着、精神面貌一一检查，看是否合乎标准。

除了对本公司产品、服务的了解外，推销员对竞争者也应该相当了解。对一般有关法律知识、票据知识、同行业知识及一般常识都要有所掌握。

推销员在初次拜访客户前请检查以下准备：（1）使用能吸

引准客户的名片；（2）列出准客户能立即获得的好处；（3）准备好请教准客户意见的问题；（4）能够解决准客户尚待解决的问题；（5）告诉准客户重要的讯息；（6）一定要复习产品的优点，熟悉公司产品的特色与功能；（7）了解竞争对手产品的缺点及不足之处；（8）一定要掌握客户的需求及详细情况。

## 推销员如何介绍自己

推销员如何介绍自己？礼仪书籍上有许多详细具体的模式，如应把谁先介绍给谁，等等。但在生意场上，这个过程相对而言比较简单。

（1）在公司的等级制中，应先把资历浅的介绍给资历深的人，再把资历深的人介绍给资历浅的人。先称呼资历深者的姓名，然后把资历浅者介绍给他。

（2）如果知道的话，称呼全名、职位和公司名称。

（3）如果是一群人，从高职位到低职位依次介绍。如果两个职位相等，先介绍年长者。如果你不清楚他们的职位，应从身边最近的开始介绍，然后再介绍离你远的那位。

（4）介绍自己时，应先称呼对方的姓名，如果你不知道对方的姓名，千万不能在自我介绍前问对方。不能说，“你是谁”或“你叫什么名字”，应该说，“您好，我是陈生，吴总的助手。”那么对方就会自我介绍了。如果他没有介绍自己，你介绍完自己后，再说，“您是……？”

（5）如果你忘了对方姓名的一部分，或其他情况，可让那人自己补充。

如果你不认识某个客户，你又想知道他的名字，不要莽撞地问："您叫什么名字？"这样显得太唐突。最好是找个第三者问一问："那位穿西装的是谁呀？"当别人告诉你后，见面时就可以说："您好，×××。"如果万不得已，不得不直接问客户名字时，也应说得婉转一点，如："对不起，不知道该怎么称呼您？"

推销员由于接触的客户多，有时在公共场合碰到打过几次交道的客户，又一时想不起对方姓名时，应该面带微笑地说道："我想您一定认识我。"对方如果是一位比较机智的客户，他就会答道："当然！我是×××。"这时，你就可以说："您好，我是某公司的推销员×××。"这样一个社交上失礼之处就可以得到体面的补救。

（6）不用介绍得太详细。大概介绍并注重名字和具体职责范围即可。人们初次见面时，很难记得太细。除非对方访问你，否则不要说得太多。

（7）在随后的谈话中，重复每位的名字。很多人很难记住他人的名字，而不得不再问，会很尴尬。在谈话中随时提及每人的名字，会使他们感到轻松愉快。

（8）要积极乐观。在介绍别人时，看着对方的脸，面带微笑，缓慢而清晰地说出他的名字，当时可以说些关于每个人有趣而肯定的轶事。

## 推销员的5W1H记录要领

那些极少犯错的推销员，大多数都能活用杂记簿，而那些不做记录的推销员，他们脑子里总是慌忙地打转着："这样做行吗？”“该怎么办？”如此慌张混乱，怎能奢求他有正确且无误的工作效率呢？所以，给你一点建议：做一个自己专用的信息档案，来辅助自己的工作吧！

所以，推销的基本动作之一，便是记录实情，作为回忆时的辅助。在员工一进公司时，就必须教导他要有记录事情的观念，才能放心地让他出去跑业务。

记录的要领其实不难，就是以5W1H为主要项目即可。5W1H意即：在什么地方？什么时候？做什么事？对象是什么人？基于什么原因？如何去做？把这些都记录下来之后，加上自己的感想，就是非常完整的记录了。

杂记簿按日期先后，将每一个访问对象都记录下来。在公司里面，一般都备有工作日志及客户资料卡，但只有这两项是不够的。在一天工作结束之后再来记载与客户商谈的情形，很多事会遗忘掉的，而且，客户资料卡内也没有记载全部信息的位置。其次，可将重要的客户资料做成专用档案。一本访问活动杂记簿，可以加以活用，每天的记录，依照号码次序保管，重要的部分复印下来，另做成一个客户个别档案。像这种自己专用的信息档案，可以将所有的工作信息整理完整以备参考。

此外，公然地在客户面前，把谈话的要点及重要事项记录在杂记簿上，会使客户认为这个推销员是让人放心、值得信赖的人，所以这可说是一举两得的事。

## 专门学习推销知识的必要性

“没有天才，金牌推销是练出来的！”

你是否曾经希望自己是一位天生的推销人员？对不起，这种人并不存在。

推销就是疯狂的。如果没有对推销的极度渴望，你就永远不会体验到极度推销的喜悦。

当你对某个领域的工作完全倾心的时候，其中的每一件事情都会让你感到兴奋。你并不需要具备了不起的天分去获得成功的推销业绩，你完全可以通过发展自己的推销渴望、教育、体验和已经成为习惯的本能来完成推销工作，从而找到一条让你兴奋和成功的道路。

没有捷径可走。的确，有些人拥有某些与生俱来的“个人技巧”，这是他们的优势，但这并不够。推销就像进行体育活动：拥有天生的优秀素质会使你有很大的优势，但是，必须结合合理的训练和丰富的经验，你才能成为一名冠军。

如果一位猎头让你在两份推销工作中作出选择，他的建议一定是选择那家能够提供最大限度培训机会的公司。这样，当你日后再想跳槽时，就会有更多的工作机会让你进行选择。猎头是正确的，更多的选择就意味着更多的金钱。因此，当你面对选择时，一定要选择那个最能传授他们技能的工作。

推销教育有多种多样的形式，如果你的老板没有提供正式的推销培训机会，就要向他提出这种要求。他可以为你安排一位推销训练师，或是为你支付参加专题研讨会的费用，因为他希望推销人员能够推销得更多。

你可以拿出几个月的时间来专门学习推销，所有这些努力并不能保证你一定会获得成功，关键在于你要能够把学习到的知识运用到日常推销工作中去。

是什么让潜在的客户发生了购买行为？是什么让他们无情地走开了？是的，这就是经验。没有捷径，经验只能通过一些老式的积累方式才能获得。

## 推销员应该学习哪些知识

优秀推销员不是天生的，唯有经过学习和训练，才能成为成功的推销员。提升推销员素质的方法有两个：一是企业和学校的实务训练专业培训，二是推销员的自我训练。自我训练的方法包括实务操作的经验累积、学习同行的经验、学习书本知识等。

推销员要与各行各业、各种层次的人接触，要与他们进行比较深入的交谈，你能应付过来吗？尤其是你面对比较高级的专业人员时，你是否感觉很难与他们说话，甚至他们说的话，有许多你都听不大懂？

面对这样的情况，你有什么打算？

如果你早有准备，那么在你与客户的谈话过程中，你自然地就会运用自己学到的那些知识。你的准客户会觉得你不是一个只会夸夸其谈的人，对你的印象会更深刻，对你的评价会比对其他的推销员评价高。

那么应该学习哪些知识呢？

（1）旅游知识。这可以帮助你招待客户。

（2）文学与历史知识。帮助你理解人生与社会。

（3）经济管理知识。帮助你在公司管理与发展问题上与客户进行沟通。

（4）法律。帮助你保护你自己的利益。

（5）艺术知识。提高你的修养，改变你的气质。

这些知识，可以帮助你建立、提高自己的自信心，当你面对高级人员时，就算他是哈佛大学的MBA，是MIT的博士，你也能侃侃而谈，没有丝毫的羞怯。

# 职业推销员的必备销售技巧

## 汽车推销员成功卖车四部曲

有一个卖汽车的推销员，说了他成功卖车的四部曲。

例如有一家三口走进展览厅，爸爸妈妈要给女儿买一辆车。如何对待这三个客人，其办法各有不同。

首先谁是消费者？

当然是女儿。这位推销员立即把女儿请进驾驶座，帮助她调好座位，调整后视镜，并且把收音机调到她最喜欢的台……这是消费者以后将每天接触的东西。

然后，推销员根据爸爸妈妈的举止以及语言，判断到底谁是家里能够最后作决定的那个人。推销员发现，妈妈是真正的决策者。推销员要让决策者知道，关于这辆汽车，有哪些好处，要用实在的数据说话。你要把相关的资料准备充足，简明扼要地把它们讲给决策者。

那么，作为对此次购买有很大影响力的爸爸来说，他关心什么呢？汽车的技术特点。推销员要把这辆汽车的技术特点与优势向爸爸详细讲述，让他感觉，自己女儿买的车，是一辆先进的车，是一辆安全的车。

最后，你要认识到，这辆车会给他们一家人带来骄傲、自豪、亲情。如果你打算认真从事汽车推销这个行业，买一架拍立得相机。现在就是用到相机的时候。拍一张一家三口站在车前微笑的照片，送给他们。

大多数消费者这时候都会立即决定购买你的车。

即使他们没有马上购买，带回家的照片会让你在一大堆竞争者之中占尽优势。

## 七加一推销法则

什么叫七加一推销法则呢？

如果你一直让一个人处在认同你的状态，你借由问题引导他，他一直说："是的、我赞成、我了解、我同意……"等类似的词句，假如你让他同意了七次，通常你在第八次问他的时候就会习惯性地同意。

思考本身就是有前因后果的，所以思考可以被连续。思考既然连续，那就可以和堆积木一样，一个一个的堆起来。

例如我为了让你去同意一件事情，我可以借由问题来引导，当我问了第一个问题之后得到了肯定的回答，等于堆了一个积木，当我问了第二个问题后就越来越导向目的，同时得到肯定的答案也越多；当我问了第三个问题时，我又堆一个积木，当我问了第四个、第五个、第六个，等到问到第七个问题的时候，自然而然的，第八个积木就堆起来了，这是一种习惯性。

但是提问时你必须要注意到两点：第一是，问句必须要引到你的目的，如果问句与你的目的风马牛不相及就丝毫无用；第二是，必须很自然地进行，问句不要问得很拗口，要顺畅和自然。

在提问的过程中就要创造对方的兴趣，借由问题来引导对方产生正面的回馈。思考是一种问答过程，你想要引导一个人思考，你就必须要借由问题来引导他。

要养成一个好习惯，那就是学会经常这样问："难道你不认为……"譬如，"难道你不觉得这辆车是很漂亮吗？""难道你不认为穿上这件貂皮大衣，感觉更暖和吗？""难道你看不出这价格是高质量的象征吗？"

这种技巧，在你向两位或一群人做推销时，效果尤其明显。只要你能设法让领头的人说"是"，别人自然就会机械地随声附和。当然，你得首先判断、找准谁是那个说了算数的人，因为实际上，他是你唯一推销的对象。

## 第一句话说啥让人舒服

打电话给别人时，先问一句："你现在有空儿吗？"

有时别人打来的电话并不见得会受欢迎。因为你在开会或者是正在与重要的客户谈论公事，有时往往会因为一通电话而打断了你的谈话。反过来说，若你在对方非常忙碌的时候，叙说自己想表达的事，相信对方也不见得会听得进去。

因此想让对方听进去我们想说的话，就必须让对方有愿意听我们说话的心情。打电话时让对方产生这种心情的最好方法，就是在开始说话以前，先问清楚“你现在有空与我谈话吗？”等对方答应了才开始进入主题。

像这样先征求对方同意，再开始进入主题，会给对方非常诚心的印象。反之，若用“谈5分钟就好”这种强迫的方式，然后延长为10分钟，甚至15分钟，那给对方的印象就会非常的恶劣。

另外，就算对方当时没有时间听电话，但若使用上述的方法，会让对方觉得很舒服，则当时就算没有空，他也会主动地告诉你何时有空，到时你可再打去，这样就会达到你通电话的目的，这种利人利己的小事，是我们绝对不能忽视的。

## 复述客户问题的两个优点

有一些推销员特别不喜欢答复客户所提出的问题。的确，客户所提问题的内容有时真是莫名其妙，有时甚至会与推销毫不相干，关于这一点，有一位推销高手所使用的方法就值得我们学习。

他的方法其实也很简单。每当有客户向他提出问题时，他总是不厌其烦地重复一次对方的问题，再开始进行解答。而在重复问题这一短短的时间当中，他就可以思考着该如何回答。这种方法往往可以给询问的客户留下“他正在认真思考我的问题”的印象，自然而然地对他产生了好感。

重复客户的问题还有另一个优点，那就是可以让客户确认自己询问的是否就是这个问题，避免因听错或会意错，而答出不相干的内容。

这种复述客户问题的方法在初次拜访客户时和电话推销时尤其有效。在这两种情况下，若能用复述的方式回答问题，就可以给客户留下“认真”“负责人”“专业”的好印象。

试想，如果客户发问后，你就立刻冲口回答或沉默不语，客户会有怎样的感觉呢？这样收到的效果当然会是负面的。因此，不论回答客户的答案是否得体，开始回答问题前，先复述一遍问题，绝对可以给客户留下好印象。

## 如何掌握促使客户购买的关键点

有时，潜在客户并不清楚自己最需要什么。推销员遇到这种情况，就要想方设法探求客户购买的原因。

在数以万计的推销员当中，大部分人都毫不在意客户决定购买的关键点。那么，到底应如何掌握促使客户购买的关键点呢？最主要的，你需要刺激、鼓励潜在客户说话。

如果你的客户只列举了四五个他不想购买的理由时，你便急于跟他解释或驳倒他，你的推销必定无法成功。

但是，如果你安排对方继续说下去，对方极可能在不知不觉中就吐露真情，使你们的交易很快成功。

为什么呢？通常在这四五个理由中，他会执着于谈论自己最关心的那一点，在这个地方说个没完。这时，如果你等他谈话暂告一段落后，再针对他那一点理由互相讨论，就可以发现此理由是不是他决定购买的关键点。

据说，纽约某个24小时营业的俱乐部里，有位身体魁梧的壮汉专供客户取乐，客人可以猛击他的腹部。有几位客人好奇地上前一试，可是他们挥出的拳头丝毫动摇不了这位壮汉。

有一天，客人中有位看来十分威武有力的瑞士人，由于他对英文一窍不通，该俱乐部的节目主持人费尽唇舌向他解释，并以手势请他上台一试。于是，瑞士人脱下外套，卷起袖子，做了一个深呼吸来壮胆。他一跃上台，朝台上的壮汉一拳击去，但他并不是击打壮汉的腹部，而是往他的下颌猛力一击，将壮汉击倒了。

由于误解击拳的位置，这位瑞士人“误打误撞”，恰恰运用了推销过程中最重要的一招——找出对方最脆弱的一环，然后集中全力朝关键点出击。

事实上，潜在客户往往并不清楚他们真正的需求。

## 如何推销产品的味道

每一种产品都有自己的味道。

乔·吉拉德特别善于推销产品的味道。

与“请勿触摸”的做法不同，乔·吉拉德在和客户接触时总是想方设法让客户先“闻一闻”新车的味道。他让客户坐进驾驶室，握住方向盘，自己触摸操作一番。

如果客户住在附近，乔·吉拉德还会建议他把车开回家，让他在自己的太太、孩子和领导面前炫耀一番。客户会很快地被新车的“味道”陶醉了。

根据乔·吉拉德本人的经验，凡是坐进驾驶室把车开上一段距离的客户，没有不买他的车的。即使当即不买，不久后也会来买。新车的“味道”已深深地烙印在他们的脑海中，使他们难以忘怀。

通过推销味道来推销自己的最典型的例子，莫过于刚刚开业的商厦的面包房了。当你经过一些大的商厦的时候，你总会闻到一些面包的香味。或者这样说：你是闻着面包的香味走进商厦里的。这是商厦市场推广部的点子。他们在头脑中想象了这样一副画面——

一个下班的人正饥肠辘辘地等车，这时候一股面包的香味扑鼻而来。这个下班的人顺藤摸瓜，用鼻子找到了面包房的位置。当这个人吃完一个面包肚子问题解决以后，购物需求来了，于是这个几分钟以前饥饿的人大摇大摆地走上了商厦的购物楼梯……

## 预约客户的电话技巧

如果你有一个产品或者好的构想，能够帮助你的客户节省金钱，那么你应该在与他们第一次联系的时候就告诉他们。下面是一些打电话的技巧：

（1）明确告诉对方可以节省多少钱

“×××先生（女士），您好！我是×××公司的×××。我有几个重要的数据想让您知道。”

不要停顿，接着往下说：

“我们的××产品（服务项目）每年可以帮助您省下××元。我很想向您说明怎样能做到这一点。×××先生（女士），您一定对每年节省××元有兴趣，对不对？这只要花你13分钟的时间。”

“我看了一下日历，×月×日×时是我们见面的一个好时间，如果您不方便的话，可以改到×月×日×时。您看哪个时间更合适？”

（2）明确告诉对方可以帮助对方提高营业额

“×××先生（女士），您好！我是×××公司×××。只需要17分钟我就能向您说明怎样就能将贵公司的营业额至少提高××%。”

“增大营业额正是您想做的事，是不是？”

（3）告诉对方可以提高利润率

“×××先生（女士），您好！我是×××公司×××。我这里有一个想法，能够让贵公司赚到10万元，对此您感不感兴趣？如果我们能碰一次面，我就能把自己的想法详细地讲给你。”

“我有两个时间，一是×月×日×时，或者×月×日×时，您看什么时候咱们见面更合适？”

# 专业制胜的案例剖析

## IBM向全球推销的一字箴言

在全世界IBM管理人员的桌上，都会摆着一块金属板，上面写着“THINK”（想）。这一字箴言，是IBM的创始人汤姆·华特森创造的。

1911年12月，华特森还在NCR（国际收银机公司）担任推销部门的高级主管。

有一天，寒风刺骨，霪雨霏霏，华特森从一大早就主持了一项推销会议。会议进行到了下午，气氛沉闷，无人发言，大家逐渐显得焦躁不安。

华特森突然在黑板上写了一个很大的“THINK”，然后对大家说：“我们共同的缺点是，对每一问题都没有去充分地思考，别忘了，我们都是靠动脑赚得薪水的。”

在场的NCR总裁约翰·巴达逊对“THINK”字大为赞赏，当天，这个字就成为NCR的座右铭。三年后，它随着华特森的离职，变成了IBM的箴言。

其实，“THINK”是华特森从多年的推销经验中孕育出来的。

他在1895年进入NCR当推销员。他从公司的“推销手册”中学到许多推销技巧，但理论与实际总有一段距离，所以他的业绩很不理想。

同事告诉他，推销不需要特别的才干，只要用脚去跑，用口去说就行了。华特森照做了，还是到处碰壁，业绩很差。

后来，他从困厄中慢慢体会出，推销除了用脚与口之外，还得靠脑。想通了这一点后，他的业绩大增。三年后，他成为NCR业绩最高的推销员。这就是“THINK”的由来。

在现代社会里，每个人都在想尽一切办法来解决生活中的一切问题，而且，最终的强者也将是办法最得当的那部分人。

## 健身器材推销员的失败原因分析

客户到底想知道什么？想听到什么？对这些总是明确地加以答复，让他们确实了解，是推销活动的金科玉律。

周小姐是健身器材的推销员。最近两个月的业绩一直无法突破。低落不振的原因何在？令她百思不解，日日夜夜都因此事而苦恼不堪。

一次她去说明产品。这个地方好久未做店面推销，当她说明产品时，过客熙来攘往，偶尔也会驻足观看聆听。幸好上午、下午各卖一台，不过，跟以前的成绩相比，仅仅五成而已，下午4点，流通量到达尖峰时期，两台的样品健身器，不断有客户在试用。她拼命地努力，希望从这里面拿到几张契约。

同时间，有两个有希望的客户前来试用。两个都是男客户，一个45岁，另一个还不到36岁。对于先来试用的客户，已经进入机器利用法及效用说明阶段。对方看来也很热心倾听，但却迟迟不肯表明是否购买的意愿。陆陆续续又有许多客户提出疑问，她除了详尽回答这些疑问外，同时也促请那个客户做购买的决定。希望赶快做成这笔交易，因为旁边还有一位有希望的客户，结果那位客户只丢下一句："我知道了，我回家再考虑考虑看看。"然后头也不回地离开了。

她立即开始对另一位客户进击。但是，该客户说道："刚才你和那位客人说的话，我都听到了，产品的优点，我也了解。不过，我不想现在就买。"

周小姐一下就被对方制住了，只有哑口无言的份。但是那个客户看来好像是一位经验丰富的绅士，因此周小姐诚恳地向他请教："先生！我最近总是没有办法拿到契约，心里觉得很困惑。您能否告诉我，是什么理由打消您想买的念头呢？"

那个客户回答道："也难怪啦！我听了你的说明以后，总觉得你对客户的疑问，回答得太过详细了，并且超出客户想要了解的范围，说得太多，令我觉得有点厌烦。"

对客户说得太简略当然不行，但是太详细也会让人讨厌，这就是客户对所有推销员所提出的忠告。

## 帮客户树立形象的好处

推销员倘若意识到帮客户树立形象就是为自己形象，那么他推销的境界就上了一个层次了。

在推销员赵先生的儿子和女儿还小的时候，他曾经从一位推销员手中买下一套大百科全书。赵先生至今还记得那位推销员是如何使他感觉良好、舒服的。“你们的爸爸刚刚为你们买下了世界上最好的礼物。”他对赵先生的孩子说，“等有一天你们也老了的时候，你们就会真正地感激你们的父亲。”他的话让赵先生觉得自己的形象顿时高大了许多。“真是一个好人。”

赵先生在心里想。直到他走出了门，赵先生才意识到自己花了多少钱。随后赵先生就开始重新考虑刚才是否作出了明智的购买决定。但当赵先生回头看见孩子们的表情时，赵先生就知道这个世界上没有什么东西能让他改变主意。赵先生能对孩子们说什么呢？那天晚上他得到了一条宝贵的经验，一条比许多书都值钱的经验。

无论什么时候，当一位父亲陪着儿子来买车时，赵先生都会见机行事地说：“您一定很幸运，因为您有一位了不起的父亲，他一定愿意让您买下这辆车。”

当一位客户为他或她的配偶、母亲或情人，或任何别的人买车时，赵先生都会这样说几句。一旦推销员强调了这一点，客户就不大可能改变主意或因后悔而违约，因为你把客户的形象树立得高大无比之后，他们无论如何也会设法保住面子！

推销员帮客户树立形象就是在为客户帮忙。谁会拒绝一个为自己帮忙的人呢？

## 安东尼·罗宾如何使用客户见证

聪明的消费者，不会随便购买价值昂贵的产品，他们需要足够的证据。强而有力的客户见证，会让你的客户产生非常大的好奇心，产生非常大的信赖感，促使客户立刻行动。

推销过程中最重要的秘诀就是使用客户见证。当然最好是名人见证。这也是为什么很多企业都请名人做广告的原因之一。

世界第一名的潜能训练大师安东尼·罗宾，他的潜能开发录音带，七年推销两千五百万以上，是有史以来最畅销的个人成长的录音带，他每一年都有两千万美金投入在广告上。

在他的客户见证当中，有《一分钟经理人》的作者肯布兰查先生，有《攻心为上》的作者麦凯先生，还有美国总统克林顿、曼德拉总统、戴安娜王妃和世界网球巨星阿格西、福星五百大企业的总裁。

还有一个从未参加过比赛的高尔夫选手，他第一次参加全国比赛就获得了冠军。事后他跟大家说，假如没有听过安东尼·罗宾的录音带，他没有办法会得到冠军。

如此强烈具有震撼力的客户见证，使人们不得不去买这盘磁带。

在美国有一家房地产公司，该公司有世界第一名的推销员，他平均每两天就卖一栋房子，别人一个月才只卖两三栋，就已经不错了，连他都需要天天听安东尼·罗宾的录音带，所以当客户看到之后，一定会购买。

每一个推销员都需要使用客户见证。推销教练博恩·崔西说：“客户见证讲的任何一句话，比你说100句话还管用。”

## 日本著名训练师夏木之郎怎样打电话

价值观是影响一个人行为背后的总的动力，信念影响了一个人的价值观。

在日本有一个著名训练师叫夏木之郎，他每天打电话之前，都会做充分的准备，即使在晚上睡觉了，他都从不放弃。他每天打电话的时候，都系好领带，穿上衬衣。

有一天晚上他工作得很晚，他已经关灯睡觉，他突然起床，他说我还有一通电话没有跟顾客打。他的太太说打电话还要起来干嘛，床头就有电话。他说我打完电话再跟你解释。然后走到穿衣柜面前，进洗手间把衣服、头发整理得很好。然后再给顾客打电话。

把工作跟顾客交代清楚，然后放下电话才回到床上睡觉。他太太很不理解的说，你们从事教育训练，不是教育所有的工作人员要讲究效率、提升速度吗，我觉得你打电话简直是多此一举。他回答，我的顾客虽然看不到我在穿着睡衣在跟他打电话，可是我自己能看到。我的顾客此刻在为我工作，所以我要像见面一样，尊敬顾客，跟顾客一样尊敬他的这样的一种服务。

到底是什么在影响一个人打电话的态度？就是一个人的价值观。一个人的价值观是影响一个人从事电话销售，从事推销工作最重要的一件事情。

打电话是可以提升推销品质和推销质量的一个工作。所以，不要把打电话看做是一个非常简易的事情。打好电话完全可能使我们的推销工作变得更加顺利。

## 收音机推销员的美妙感觉推销法

感觉听起来抽象，却是征服客户的强心针。

乔·吉拉德喜欢在旅途中带着一个可携带的收音机，他喜欢音乐。在一次旅途中他的收音机零件坏了，不能再由收音机收听到音乐。他把它带回原购商店。推销员说："这一台收音机看起来过时而且磨损很多。也许您应该买一台新的了，这样可能更符合您的身份。"

乔·吉拉德说："我不管它看起来怎么样，只要它能听就好了。"

这位推销员耸耸肩，并写下维修单。

两天后，乔·吉拉德接到家相同店另一位推销员打来的电话，他说："我认识您，先生，您是那位飞到各处训练推销员的绅士。"

"正是我。"

"您要等到回城之后，还是您要在您的旅程里带一个新的收音机？有一个真的听起来比您的旧收音机更棒的机种。您会感觉到它的音质、它的款式，带给你美妙的感觉。"

"我可以要一个新的，但我不知道我该对旧的怎么办？"乔·吉拉德说。

他说："我有个好点子，也就是以旧换新，您只需要花很少一部分钱就可以拥有一台非常棒的收音机。我注意过你公司就在我们店的对面，是吗？”

“对。”

“如果您给我五分钟，我会带些让你欣喜的东西，我马上过去找您。”

推销员带过来的收音机不仅看起来比以前的那台旧的好多了，而且音质也非常好。乔·吉拉德不是真的想要它——但是忽然间他又想拥有它，所以他决定买下了。

这位推销员没有给客户逻辑性的参与，他给的是情感的参与，让客户看那台收音机的款式和听它的声音。同时，还有如下一些“您会感觉到”的话术：

“您会感觉得到这套软件带给您秀美的感觉。”

“您会感觉到这套软件带给您无穷的智慧和快捷的操作方式。”

“您会感觉到3 000人的磁场，3 000种智慧，3 000个人脉。您的人生将从此不一样……”

## 美国谈判大师罗杰·道森的高价推销法则

经验丰富和业绩突出的推销高手都对这样的一条法则深有体会：想要让客户接受你的报价，有时候必须提出比你原计划要高得多的报价。事实上，那些推销高手每一天都在运用这一法则，而且屡试不爽，对拿下订单和成功交易极为有效。

美国谈判大师罗杰·道森在提到跟对方谈判之初必须提出更多要求的谈判法则时，讲述了这样一个事例：

“我们与墨西哥政府进行了一次关于一大笔国际贷款偿付问题的谈判。他们大约拖欠了820亿美元的贷款。他们的首席谈判专家是朱塞斯·赫佐哥，墨西哥的财政部长。我们这一方的代表有财政部长罗纳德以及联邦储备局主席法尔科。我们提出了一项很有创造性的解决方法，要求墨西哥为我们的战略石油储备提供大量的石油。赫佐哥同意了这么做，但是这并没有解决问题。我们接着要求墨西哥政府支付给我们一亿美元的谈判费。这是一种政治上可行的方法，可以让他们支付给我们自然增长的利息。但当洛兹·波蒂罗总统（时任墨西哥总统）听说这件事后，暴跳如雷。他说：‘让罗纳德死了这条心吧，我们不会给美国支付任何谈判费用的，一个比索都不会给！’”

美国政府提出要墨西哥政府赔偿他们一亿美元的谈判费，但墨西哥总统扬言“一个比索都不会给”，看来谈判要陷入僵局了。然而最后的结果却是，墨西哥政府给美国政府付出了5 000万美元。

如果当初美国政府认为5 000万美元的赔偿可以接受，就直接提出这一索赔数额，那结局会是怎么样呢？很显然，这样一来，美国政府只能得到远远低于5 000万美元的赔款数额，甚至可能真的就像墨西哥总统所说的，一个比索都捞不着。

如果你想成为推销高手，你一定要学会熟练运用这一法则。你要向客户提出远远高于你心里价位的报价，这样，当客户能在与你讨价还价中获得成就感，觉得自己占了便宜，你就能更迅速成交。

# 推销第七能力：读懂客户心理

顾客并不总是正确的，但让顾客正确往往又是值得的。

——日本推销大师原一平

# 客户担心和抗拒的是什么

## 潜在客户评估的MAN法则

对潜在客户的评估，是接近客户、展开洽谈前的必要内容。有些推销员常常发生这样的错误：他们去拜访每一个可能的潜在客户，把大量的时间和精力用在根本不需要产品或根本没有购买能力的推销对象身上，结果，在同样的时间里，他们达到的推销额远远低于有选择地访问客户的推销高手。评估潜在客户的目的，就是避免时间和精力的浪费，提高推销工作的效率，并有效利用客户资源。

潜在客户评估有三条法则：

M———购买能力

M：（Money）即对方是否有钱，是否具有消费此产品的经济能力，即有没有购买力或筹措资金的能力。尤其是价位高的产品，如推销房地产、汽车、大型电器等，在推销前，一定要掌握对方的购买力，否则白费力，徒劳无功。如果是在朋友间推销，如果对方没有购买能力，贸然推销还可能会引起对方的不满，以为你在讽刺他，所以事先要了解对方的经济实力，再作行动。

A———决策权

A：（Authority）即你所极力说服的对象是否有购买决定权。若对方没有权决定是否购买，那你依然白费口舌。

至于怎样看出谁是购买决定者呢？一般说来，直接出面商谈的多半有决定权，但为了防止伏兵，不要眼睛只盯着他一个人，必须注意他周围每一个可能对他产生影响力的人。即使别人没有决定权，但最好还是对任何人都客气礼貌，俗话说："礼多人不怪"，有时候一个其貌不扬的人坐在你身旁，你以为是普通职员，甚至是打杂工人，其实他可能就是老板。

N———需要

N：（Need）即需要，如果对方不需要这种产品，即便有钱有权，任你如何鼓吹也无效。比如你推销一种有效的但价格昂贵的营养素，而对方是使用健保的，对你的产品自然就不会愿意自己掏腰包来买了。所以，推销员的职责在于刺激和创造出客户的需要，从而开发出其内心深处的消费欲望。

## 客户掏腰包的三种模式

一般客户购买一件东西，有若干种原因，但基本的消费模式，就是以下这几种：

第一种，适用型消费模式。在生活资料的消费上，这一类的客户表现得最明显，他们是温饱型的客户，吃饭穿衣只求温饱即可。即使买一支钢笔，只要质量保证，能写出字来，他是绝不会去追求什么名牌的。你用名牌什么的去引诱他的购买欲望，那真是白费了力气，枉花了心思。

对他们来说，功能与价格是最主要的影响购买的因素。

第二种，舒适型消费模式。追求舒适的购买行为，在大部分人身上表现得都很明显。比如，大部分人并不愿意花最少的钱买最便宜的某一类产品，而是会购买价格稍微中等一点，功能也稍微丰富一点的产品。

第三种，炫耀型消费模式。有一些客户，购买东西，一定要名牌，一定要高档货。其实200元的钢笔，就其使用价值来一语道破，与20元的钢笔没有什么太大的区别，但是，购买200元钢笔的人，他就是要用这样的钢笔体现自己的身份，体现自己的审美趣味。他在普通的钢笔之上加进了其他的因素。如果你在推销产品的时候，能够敏锐地捕捉到使用价值之外的审美价值、社会价值，你的推销成功可能性就会大大提高。

## 构成客户购买风险的四个要素

没有人愿意购买风险。在客户心目中，购买风险是由四种主要因素构成的。

第一种是推销规模。推销规模越大，投入的金额也就越多，所以风险就越大。假如买的是一包口香糖，不满足或满足的风险就微乎其微了。假如一个人是为公司购买一套电脑系统，这样的风险因素就增加了几十万倍。如果你推销的是一项高单价的产品，你就应该谨慎了解购买者所估计的风险有多大。

第二种购买风险的因素是受到这个购买决定影响的人数。假如你一个人去一家新餐厅吃饭，风险会很低，因为如果食物和服务不好，你是唯一身受其害的人。这样的经验可能很快就被忘掉了。但是假如你邀请了一些生意客户到一家餐厅去讨论一桩大买卖，风险就相当高了。

第三种购买风险的因素是产品的生命期限。一旦使用之后就要用十年的一个产品或一项服务，会造成很大的风险。客户会想："假如这种东西不能用，那我岂不是被套住了吗？"

你一定也有过买错东西而被套牢的经验，因为你已经付了钱，就没有办法买另外一样东西来替代它。

第四种购买风险的因素是客户对你、你的公司，以及你的产品或服务不够熟悉。那些从来没有向你购买过产品的人，他们通常都比较紧张，都需要许多心理支持。任何一件新的或不同的东西都会让一般客户感到紧张不安——大部分客户都愿意延用已经熟悉的作业或交易方式。

对每一桩交易而言，如果你想达成，就要去克服客户对风险的恐惧。从第一次接触到成交，从运送安装产品到售后服务，你做的每一件事都要考虑到客户最担心的事情。

今天的客户购买经验越来越丰富。他们了解高价位、高安全性能、高售后服务满意度三者之间的紧密关系。

你的工作就是在推销展示时，一定学会规避客户购买风险，让客户觉得自己的决定是世界上最保险、最完美、最物有所值的决定。

## 客户最想知道的四个问题

有些问题客户不会大声说出来，但你必须要回答。这些问题隐藏在他心里，甚至你可能什么事情都做得很正确，但只要你没有回答其中的一个问题，都可能在推销过程中造成致命伤；你可能什么事情都做得很正确，但只因为你离开的时候没有满足客户其中的一个问题，而全盘皆输。

1.我为什么要听你说?

在每桩推销作业的一开始就要回答客户的疑问："我为什么要听你说？"假如你与客户会面或讨论一开始没有澄清这个疑虑，推销过程会立即中断，未来客户不会有兴趣再和你说下去，或再与你见面。因为他实在太忙而没空和你玩猜谜游戏。

2.这对我到底有什么好处?

一般人会购买是基于他们自己的理由，而不是你的理由。当客户和推销员打交道时，他们只有对自己得到什么好处感兴趣。你所说和所做的必须能针对这些问题回答，否则客户就会失去兴趣，并开始想知道你什么时候会离开。

3.谁也是这么说的?

当你回答了"这对我有什么好处"的问题之后，客户就会想知道，"谁也是这么说的，"不是你，而是还有其他人，最好是一个公正的第三者，把你的产品或服务说得和你讲的一样好。如果你想让客户得到一次公平的听证会，你就一定要准备好这个问题的答案。当只有你一个人这样宣扬你的产品时，你和未来客户之间会竖立起一道无形的疑虑之墙。

4.谁也这么做了?

没有人愿意做沙场先锋或实验老鼠。没有一个人愿意单独购买或使用某种产品或服务，未来客户想知道的是："除了我以外，还有哪些人也这么做了？"

以上这些问题是客户最想知道的，也是客户问不出来的，然而这些却是推销员必须了解的，因为——谁如果不了解客户的心理，谁的推销失败过程就会越多。

## 客户对推销感兴趣的四种表情

无论人的内心怎样复杂隐晦，也一定会通过行为表现，人的脸能准确地表现出他的本意，如果他欺骗了我们，而我们还蒙在鼓里，那只能怪我们没能看出来。

眼睛是心灵的窗户，从眼睛中推销员可以看出客户是否感兴趣。

1.要留心客户的视线是否随着你的动作，或者你展示的物品而移动。

2.要看客户的眼睛是不是像要闭起来似的，或者是眼睛连眨都不眨。

3.除了眼睛之外，推销员还可以从客户的嘴形和整个表情看出客户的反应。

4.客户会随着你的话题的变化而改变表情。

如果客户具有以上4种表情，或者这四种表情的任何一种，就说明你的推销工作起了效果。

但是，这时作为推销员的你，最好不要得意忘形，瞪着大眼睛凝视对方，否则你的视线可能会与客户的视线发生冲突，客户的警惕性会陡然加大，产生放弃购买的想法，以至于他之前购买产品的欲望当然也就无影无踪了。

这一点推销员一定要注意：

不仅要留心客户的言谈举止，也要留心控制自己的行为表现，要以温和的话语、诚恳的微笑去接近对方，有步骤地把客户拉近自己，实现自己的推销目标。

## 客户最担心和害怕的五个问题

害怕可能是影响潜在客户购买的最有力的动机。为了维持权力与控制的形象，潜在客户不愿意泄露影响他决策的焦虑原因。这些焦虑有些很明显，很微妙。如果你能帮助买方找出他们害怕什么，显示你以这些很敏锐，并且让买方知道你的产品可以让他们安心，你的业绩就会提升。

1.害怕做错选择，让别人瞧不起

如果客户有强烈的社交需求、他的上司盛气凌人、在团队环境下工作，或是公司要求不断改善与追求卓越，将会更加加深这种恐惧。

2.害怕决策错误造成亏损或是导致公司倒闭

有些决策对于个人或是公司，是生死攸关的大事。客户了解公司在挣扎求生的边缘，可能缺乏勇气作出重大决策。买方如果资源有限，也是一样会很小心谨慎。

3.害怕不知道的事情

无论你如何保证，客户还是宁愿维持现状，不愿选择不确定的未来，即使现状并不好。目前的状况他们或许不满意，但是他们知道目前是什么。未来是个很大的未知数，他们不敢冒天下之大不韪。客户的工作不是很稳固，或是个性缺乏自信，这种恐惧更明显。

4.害怕将控制权交给你

客户就像所有人一样，喜欢主控一切。他们喜欢发号施令，由他们决定程序，并且拥有自主权。他们会尽可能拖延采购的决策，这是他的权力。如果你介入这个控制权，你就使他们的权力减少，并且加重他们的恐惧。如果我们能由客户自己作出决定，可以使客户觉得他们在采购程序上有控制权。

5.害怕会后悔

即便今天看起来跟你购买是应该的，他们也会害怕到了明天、下星期、或是下个月又后悔。随着金额的大小以及他们必须作选择的数量，恐惧也成正比而增加。

通常，如果推销员了解了客户最担心和害怕的问题，然后一一给予解决和帮助，急客户之所需，想客户之所想，邮客户自然也就认同和购买我们的产品和服务了。

## 客户价格抗拒的意图及应对策略

当有人说“我想买，但价钱太贵了”，你通常会怎么办呢?

“价钱太贵了”是一句经典的拒绝。要想克服它，你必须弄清楚潜在客户的真实含义。假设对方是想现在购买，而且是唯一的决策者，那么在他的拒绝后面藏着五种可能的含义：

1.我付不起这么多钱。

2.我可以从别处买到更便宜的或更好的。

3.我不想从你这里购买。

4.我看不出你们的产品或服务有什么价值。

5.你还没有说服我。

如果别人以价格为由拒绝你，在50%的情况下你是做不成生意的。但还留下50%的可能性，现在就把这些可能性挖掘出来吧。

以下有一种可以扭转局面的方法：

“如果价钱低一些的话您会从我这里购买吗？”

“也就是说，除了价格因素之外，没有什么其他原因使您不想买我们的东西？”（注意：第二次提问，以确定价格是否是对方拒绝的真正和唯一原因。）

“如果我们能够想办法把价格降一些，您会立刻订货吗？”

如果潜在客户说“是”，你就必须立刻想出办法来改变交易条件、给出折扣或是分期付款计划，把价格和成本进行比较以说明价格实际很低，或者干脆开出一个更低的新价格。

如果潜在客户对你的产品和服务存在足够强烈的需求，他们总能找出办法来付款的。

如果他们说价钱太高，并不意味着他们不会买。他们的意思实际上通常是：“我想买，告诉我一种办法让我能买得起。”

如果有人说“价钱太贵了”，并不意味着他今天不会掏钱购买。

# 你面对是的哪种心理类型客户

## 如何面对外向开朗的客户

外向型客户办事干练、心细，并且性格开朗，阅历少，只要与他多交谈一会，他就会与你更加亲近，这种客户极易成交。

这种类型的人做事都给自己留一条后路，并且说话干脆，让人对他易产生一种信任感。他们做事前就已经想好了怎么做，准备好问什么，回答什么，所以他与推销员交谈就有了目的性，这样对于交易也就顺利了：

这类客户对推销员有一种微弱的抗拒心理，一见推销员就马上说："我不想买，只是看一看。"其实这话是一种抗拒，推销员大可不必理会他，只要产品使客户满意，使他喜欢，连客户都会忘记自己说过这样的话。他说这样的话本身就是一种暗示，暗示自己看一看，如果看着好就买。

对付这种客户比较容易，只要以热心诚恳的亲切态度对待他，并且多与他亲切交谈，多与他亲近，就会消除双方的隔阂，这合作交易也就做成了。

## 如何面对忠厚老实的客户

这种客户对待每件事都很实在，不到万不得已他们是不会决定一件事是否该做，还是不该做的。这种客户对于推销员都有一种防御的心理，对于交易也有一种防御、拒绝的本能，所以这类客户一般都比较犹豫不决，没有主见，不知是否该买，但他们一般又不会加以拒绝。

这类客户多疑，一般推销员很难取得他们的信任，但只要诚恳，他们一旦对你信任，就会把一切都交给你。他们特忠厚，你对他怎样他也会对你怎样，甚至还超过你。

这类客户很少说话，当你询问问题时，他们就"嗯""啊"几句。平时听你说话，他们只是点头，总觉得别人说的都对似的。这种人一般不会开口拒绝别人，甚至别人借了他钱，别人不还他，他也决不开口去要。

推销员可抓住这类客户不会开口拒绝的性格，让其购买，只要一次购买对他有利或者觉得你没骗他，他就会再买你的产品。因为他对你实在太信任了，这次信任你，下次也不会错，这就是一种使他放松警惕的方法。

如果推销员这次骗了他，以后他决不会再来买你的产品，即使你有十分好的产品，他也认为你不仗义，不值得与你这种人打交道。

这类客户还有一种毛病就是有时腼腆得要命，所以对他们说话要亲切，尽量消除他们的害羞。这样，他才能听你推销，交易也才能更顺利。

这类客户对于这一次推销，只要能说上话，十拿九稳这次交易已是定案的了，他们绝不会拒绝你。

这类客户有时提理由或相反意见都有些犹豫不决，好像说出来要伤害推销员的自尊心似的。

## 如何面对害羞不自信的客户

有一类客户像孩子似的，很怕见陌生人，特别是怕见推销员，怕别人让他回答一些问题，他回答不上来有些尴尬。这类客户有时还有点神经质，见到陌生人心里就犯嘀咕。

这类客户也有小孩子的好动心理，不过这是由于怕人问他问题的一种坐立不安。当推销员介绍说明时，他喜欢东张西望，或者做一些别的事来克制自己安下心来。他们会玩手里的东西，或者写一些东西来掩饰或躲避推销员的目光，因为他们很怕别人打量他，推销员一看他，他就显得不知所措。

不过，这类客户一旦与你混熟以后，胆子就会增大，就会把你当朋友看待，有时还想依赖于你，信任也就产生了。

所以这类客户极易被说服成交，他很希望快点结束尴尬的局面，很想轻松一下。

对付这种客户的方法就是第一次先与他聊天，也就是说先与他混熟一点，到第二次他就自然多了，就会把你当做老朋友看待，至于洽谈生意就顺利多了，交易极易成功。

对付这类客户，你必须慎重，首先要给他一个好的第一印象，这样他虽然还有些神经质，但对你却是很信任放心的，这时再与他谈。要细心地观察他，时不时称赞他一些实在的优点，照顾他的面子，不要说他的缺点，他对你会更信任，这样双方就能建立起友谊，会交个朋友。关于交朋友推销员要主动一些，因为客户是不会先提出的。

在交谈中，你可以坦率地把自己的情况、私事都告诉他，让他多多了解你，这样也可使他放松一下，使他对你更亲近，这时就可能谈自己的事情了，但你千万别问，否则他就会显得尴尬。更不要在谈自己之前谈他的事，这样他更神经质，而且不会告诉你。

经过交谈后，交个朋友，再洽谈交易，这时，十有八九会成功了。

## 如何面对爱炫耀的客户

这种客户与自傲类客户相似。只不过他炫耀的不是这方面的知识，而是自己的财富。不过都有个弱点就是所炫耀的正是他们所欠缺的。

这类客户有两种类型，一种真正有钱；另一种则不是，他们只不过崇拜金钱而已。

对于第一类客户，他们有钱，但不希望别人奉承他们，他们的主要方向是有一个好质量、包装好、名牌的产品。所以对这类客户要诚恳地把自己产品的优点告诉他，并且对他的有钱有一种不在乎的神情，这样客户会对你这种神情产生好奇，你也就会让他知道你也不太喜欢钱，只是迫不得已而已，这样与他产生共鸣后，他与你的交易就顺理成章了。

对于第二种客户，你就必须对他们进行奉承，恭维他们，使客户知道推销员非常羡慕客户有钱，满足客户的虚荣心。最后为了给他一个台阶，又能买你的产品，你就必须在最后做一些处理说明。你可以这样说："你就先交个定金吧！余款以后交。"这样他会很感激你的。交易成功后，别忘了说一声："请您以后多多光临。"

对于第二种类型的客户，不可揭露他们的虚假，这样会伤他的自尊心，使交易发生困难，白白损失一次机会。

但是，如果客户最后不买你的产品，你可以揭开他的虚假面激他一下：

"先生，您不买是钱不够还是没有能力购买？可以先付定金嘛！"

## 如何面对好奇心强的客户

有的客户对待任何新事物都有一种好奇心，就像有某种不可抗拒的力量驱使他去了解这些新事物，对于推销员的产品他也会带着极大的兴趣去了解其性能、优点及与之有关的一切情报。

这类客户态度认真、大方、有礼貌，对于产品所提的问题的情形，就好像一个不懂事的孩子问一个知识渊博的老人，这样的客户常使推销员无法拒绝对他所提的问题的解答。这类客户表现比较积极主动，就好比推销员与他扮演互换的角色。

这类客户只要货物产品满足他的需要，他喜欢这种产品，则他们就是一个好的客户，可以驱动他的好奇而成交。

这类客户比较单纯、阅历少，只要对他真诚、热情、主动；产品合他意，他就会高兴地买下来。如果你再说优惠卖给他，他就会愉快地付款购买了。

## 如何辨别客户的拒绝是真是假

准客户说出来的话，有些是真实的，有些则是遮掩之词。除非你有敏锐准确的洞察力，否则，很难辨别出哪是蛋白，哪是蛋壳。

要找出异议的真正原因。准客户除了“不信任你”，还可以信手拈来许多冠冕堂皇的正当理由拒绝你。但是，许多经验告诉我们，那绝不是真正的理由。无论你的回答多么言之有物、振振有词，却无法满足他心中真正的理由。

例如他对你说：“我从没听过这家公司的名字，它才刚成立不到一年，我害怕。”

其实他只是手头没有足够的钱，买不起你的产品，不好直接表态罢了！他根本不是担心公司的信誉不足。

照常理，你会把公司的经营理念与财力一一告诉他。让他看负责人的资历证明、看公司的业绩成长速度的数据。但你并没有真正瞄准红心，对症下药，因为他拒绝的真正理由，在于囊中羞涩。除非你能协助他筹得足够的钱，否则，你永远没法拿到订单。

准客户的其他问题有可能是“气管炎（妻管严）”，自己不敢做决定。然而，为了维护人性的自尊，却不好意思直接说明自己没有决定权。你要设法打出他拒绝的真正理由，否则前功尽弃。

究竟如何辨别客户的拒绝是真是假的呢？

通常，如果你的回答很实在，却似乎无法动摇他，你就应该开始怀疑他另有原因了。或者，你已回答了他的异议，他又提出另一个，你就可以相信，你已卷入托词的漩涡去。

# 客户心理分析的案例剖析

## 乔·吉拉德为客户所做的第一件事

大凡成功的推销员都知道如何从细微之处打动客户，著名的汽车推销大王乔·吉拉德自然也不例外。

乔·吉拉德和客户在一起的时候从不接电话，而且禁止总机把任何电话转进办公室。律师在法庭上从不接电话，医生在做手术时也无暇接电话。乔·吉拉德认为自己跟他们一样重要，因此他也不接电话！乔·吉拉德有一个观点，那就是如果推销员在和客户的谈话中，因为接电话而中断谈话，那么客户的购物热情就会一落千丈！

环视乔·吉拉德的办公室，在墙上见不着一幅汽车宣传画。原因何在？

“有多少次你在汽车推销员办公室的墙上看到花花绿绿的汽车招贴画？”乔·吉拉德这样回答“那只会让客户困惑！他会提出一些问题，如‘那辆车多少钱？’或‘嗯，也许我该看看那个型号。’我的墙上只有我获得过的奖章。这些奖章会让他知道与他打交道的是个人物。”

当一名客户走进乔·吉拉德的办公室，乔·吉拉德所做的第一件事就是送给客户一枚圆形的纪念章，上面印着一个苹果并写有“我喜欢你”的字样。乔·吉拉德也给他们的妻子和小孩一人赠送一个。然后，孩子们还得到一种心形的气球，上面写着“乔·吉拉德让你满意而归”。

乔·吉拉德这样解释自己的做法：

“你知道，大家都喜欢对自己孩子友善的人。我跪下来对孩子们说：‘嘿！你叫什么名字？啊，吉米，你好。呀，这小孩真乖。’接着，我仍然跪在地上，与小吉米爬到我的柜子那儿，这时他的父母一直在瞧着这一幕！‘吉米，我这儿有好东西给你。瞧瞧是什么好东西！’我把手伸进柜子抓出一把棒棒糖，告诉孩子：‘现在，吉米，你拿一个棒棒糖，剩下的妈妈拿着。这是气球，气球爸爸拿着。好，我跟爸爸、妈妈谈话时你要乖乖的，别闹。’整个这段时间我都是跪在地上的。这些都是人情，也是推销的一部分。现在这位客户怎能拒绝一位和他的孩子趴在地上玩的人呢？”

推销无小事，事事关成交。

## 通用电器公司的产品演示方法

一次示范胜过一千句话。

如果能让客户亲自做示范，那你就让客户做，把他们置身于情景当中。这是非常有效果的办法。

几年来，通用电器公司一直在向一所大学推销他们的用于教室黑板的照明设备。联系了无数次，说了无数好话，都无结果。一位推销员想出了一个主意。他逮住学校老师集中在大教室里开会的机会，拿了根细钢棍站到讲台上，两手各持钢棍的一端，说：

“先生们，我只耽搁大家一分钟。你们看，我用力折这根钢棍，它就弯曲了。我松一松劲，它就弹回去了。但是，如果我用的力超过了钢棍的最大承受力，它再也不会自己变直的。孩子们的眼睛就像这钢棍，如果视力遭到的损害超过了眼睛所能承受的最大限度，视力就再也无法恢复，那将是花多少钱也无法弥补的。”

结果，学校当场就决定，购买通用电器公司的照明设备。

说服客户时，数字是非常重要的。如果能让客户自己计算，那就更好了，他们得到的印象更深刻，理解更透彻。最重要的是，这使客户有一种自我认同感。

在俄勒冈州的波特兰，一个推销员把新旧牙刷展示给客户的同时，给他一个放大镜。推销员说：“用放大镜看看，您就会发现两种牙刷的不同。”

纽约的一个西服店老板。他在商店的橱窗里装了一部放映机，向行人放一部广告片。片里，一个衣衫褴褛的人找工作时处处碰壁，第二位找工作的西装笔挺，很容易就找到了工作。结尾显出一行字：好的衣着就是好的投资。这一招使他的推销额猛增。

演示确实是推销中很有效的方法，不妨一试。

## 缝纫机推销员的秘密推销法

每个人都喜欢秘密，喜欢那种我知道而别人不知道的感觉。他们觉得自己好像发现了某事，甚至会想去说给别人听。如果你叫他们不要讲，通常他们一定会去散播。

客户主要的兴趣在于“它能为我做些什么，而不是它怎么来的”。所以，说出客户想知道的，但要保留一点当作你的秘密。你保留的这一点不一定要是产品的重要特质。事实上，很次要的特质也无所谓。你刻意制造的神秘感会让这个次要的特质变得重要。还有，愿意和客户分享这个秘密，也会令该特质变得重要。没有比这更令客户兴奋的了。

一位缝纫机推销员对产品极为了解，熟悉所有的功能，从开钮孔、平织到斜织。他的产品有个针盘，使用者能任意选择想要的针法。展示产品时，他会对客户说，“卡顿太太，你看，这个机种有许多不同的缝法，你可以轻而易举地选择任何一种。”接着他压低声音说，“不过我告诉你一个小秘密，现在巴黎、罗马、纽约的设计师不喜欢机器的缝工。我这台缝纫机能隐藏缝线，看起来就好像你是一针一针小心地用手缝的一样。”

其实卡顿太太在任何一本缝纫教材里都能学到隐藏式的缝

法，不过这位推销员把它变成一个秘密，和客人分享。

你也可以如法炮制，不论你的产品是什么。通常，透过你的神秘感，客户被你这个人及你的方式所吸引，最后接受了你和你的产品。

## 推销大师霍尔·克罗斯怎样塑造客户责任心

一家保险公司的总部刚好就在机场附近，因此霍尔便搭计程车趁这个机会看看这家公司的一位决策者。他把名片交给接待员说“我正在等待转机，我未事先约好，只要有可能我想见一下董事长。”

接待员打内线电话给董事长，告诉他美国推销大师霍尔·克罗斯想要见他。

董事长有点不耐烦地说：“请告诉这个年轻人我非常忙，而且我只依照行程表上的约会接见。”

霍尔和接待员都听到这个回答，接待员有点窘。他只是笑笑并接过接待员的话筒说：“先生，我是霍尔·克罗斯，我可以请教您一个问题吗？”

保险公司董事长回答说：“可以。”

霍尔问：“在您的训练课程中，您可曾训练您的推销员，当他们在约会中有一个小时的时间时，要他去做一个碰钉子的拜访？”

保险公司董事长说：“克罗斯先生，因为你问对了问题，我想要和你谈谈，请进来吧！”

霍尔走进董事长的办公室，向董事长介绍他自己的一套推销员推销训练课程。

“身为这家公司的负责人您一定经常寻求增加业绩的方法，我这样说对不对呢？”

“××董事长，据我所知，贵人公司上下有推销员200余人，身为董事长，您是他们的衣食父母，您要为他们以及他们的家人生活得更幸福美满负责。要做到这一点，唯一的方法主是让他们变得更优秀，赚更多的钱。而这一切都来自于教育培训和自己的努力，您说对吗？”

“一个企业的最大资本即是人才，人才才是企业发展的关键。一个优秀的企业家应该不断地提高自己员工的素质和公司的凝聚力，而这一切都是我可以为××董事长效劳的。”

“××董事长，我知道您很忙，您可以让贵公司培训部来安排培训时间，您看是什么时候好呢？您得告诉我时间，我要提前准备我的课程和助教。”

像霍尔·克罗斯一样，推销员在推销过程中，如果能塑造客户的责任心，那么推销活动便能顺利进行了。

## “台湾”保险界奇人的旅行推销法

日本第一位知名的保险推销大王原一平，曾说过这样一句话：“谁说业务不好做，不知道客户在哪里。在我看来，走到街上，放眼望去，满眼都是客户，低头望去，遍地都是黄金。”

满街的人群，有可能都是客户，有可能都不是客户，关键是你要怎么看，怎么去做，这是一种观念。

每个人都可能成为客户。顶尖推销高手都有这种信念，他会把这种信念输入到潜意识。

台湾有位保险界奇人，他的核心理念就是人首先是客户，他把他身边遇到过的每个人都视为他的客户。他很善于创造与人相识的机会。他最闪光的一点就是“旅行推销法”。

他家距离火车站非常近，火车站这个充满着陌生人的世界里就是他展业的黄金地带。他每天都会来到火车站售票厅排队，他不需要去哪里，他也不知道自己会去哪里，他的旅程决定于排在他前面的人。他会想方设法与前面的人聊天、套近乎。

经过10分钟20分钟的排队，他有办法与前面的人熟悉起来。临到排在他前面的人买票时：“高雄……”还没等他前面的人说完，他马上说：“两张。”于是掏钱买了票，他就随着前面的人去了高雄。一起买的票，座位自然在一起。台北到高雄的一段时间，就成了他推销保险的时间。下车时，他已顺利做成了一笔保单。

回家时，他又重复上面的做法，在高雄到台北的回程中又是一笔保单。这种“旅行推销法”成交率虽然不是百分之百，但也是很高的。

大凡在旅途中的人都是很孤单的，心里有点无聊。几个小时甚至更长的相处时间会形成深厚的友谊。这位保险奇人就是利用“感情投资”这点来推销他的保险的。

## 家具推销员如何带客户忆苦思甜

有个研究显示，如果某人的身份地位比你高。他透露些小小的弱点，可以让你觉得跟他比较接近。

美国总统候选人史蒂文森的裤底破了一个小洞，这个小秘密风靡了全国。布什总统承认自己不敢吃花椒菜，也让全美国的人津津乐道。

你会发现，越是功成名就的人，就越喜欢别人说起他小时候的趣事。这些趣事即使在当时是件很不光彩或是不文雅的事，他都会觉得有意义。

小雷是位家具推销员，他总是善于搜集客户的趣事、个人野史。一天，经人介绍，他认识了一位IT公司的老总，这位老总最近搬家，需要一批新家具，已有好几个家具推销员向他推销过。小雷知道要取得这笔交易，必须有不一样的东西。他向介绍认识这位老总的朋友打听他小时候的事。原来这位老总小时候家境贫寒，家里没有足够的大米吃，全家每天都吃一些蒸红薯，日子过得凄凄惨惨。这位老总全家5姊妹，上面4位姐姐。在乡下农村有一种尊男轻女的思想，老总的爸爸妈妈特别疼爱他，就因为他是家里唯一的男孩。尽管家境贫寒，他们还是想办法给这位老总单独蒸点米饭给他吃。

小雷知道这件趣事之后，在拜访这位老总时，就说起了这件趣事。

这位老总听后觉得挺有意思。乐意与小雷继续说下去，谈小时候其它的趣事。比如下水游泳，偷吃人家黄瓜，在山里烤红薯等故事，相谈甚欢。

最后的结果是小雷顺利签下了一张大单。

运用这一技巧时，还要注意以下几个要点：

（1）你所说的秘密一定要是无伤大雅的小事。

（2）这些小事是无心的错误或者是与生俱来的。

（3）不会伤及对方的自尊及影响对方的事业、声誉。

## 糖果推销员倍受欢迎的秘密

一位推销员究竟如何才能迅速赢得客户，拿到订单呢？通过营造令客户产生“捡了便宜的感觉”的氛围，推销员就为顺利成交埋下了重要的伏笔。事实上，让客户产生捡了便宜的感觉的推销，才是到位的推销，才是最能赢得回头客的推销。

玫琳在一家超市里当卖糖果的店员时，是所有店员中最受客户欢迎的。许多客户宁愿多等一会儿，也要向她购买。同事们都很好奇，因为玫琳长得也并不是最漂亮的，这到底是为什么呢？

有人问她：“你是不是给客户的量给得特别的多啊？”

玫琳摇了摇头：“那是不可能的，我的秤一向都很准，既不会多也不会少。”

“那为什么客户都喜欢去找你买东西呢？”

玫琳笑着说：“别的店员在秤东西时，起初都会拿得多，然后一点一点地从秤上的袋子里往外拿，而我则总是先少拿一点，然后再一点一点地往秤上的袋子里加。客户们可能都以为我比别的店员给得多，所以才喜欢我，才会宁可多排一会队也要在我这里买东西吧。”

事实上，玫琳每个月的业绩都要遥遥领先于店里的所有同事。后来，这位长相平凡但做事一点也不平凡的女孩，竟然成了拥有30亿美元资产的“好乐公司”的副总裁。

玫琳为什么会成为如此受客户欢迎的人呢？原因其实很简单，那就是她能让客户们产生“捡了便宜的感觉”。

绝大多数人都有想占便宜的心理，都希望能少花钱多买东西。一点点地往里加，往往要比一点点地往外拿，要来得让人心里舒服。一点点地往里加，更容易让人产生捡了便宜的感觉。玫琳正是因为准确地抓住了客户这一微妙的心理弱点，才招揽来了源源不绝的客人。

# 推销第八能力：灵活应变

挠到客户的痒处，你就有成交的希望。

——推销大师汤姆·霍普金斯

# 如何掌控客户购买的 AIDCA 原理

## 初次见面说什么赞美词最恰当

喜欢被别人赞美，受到别人的重视，是人的本性。作为一名推销员，一定要掌握赞美的技巧，让客户喜欢你、相信你、接受你，从而购买你的产品。

初次见面，该说些什么赞美词才恰当呢?

（1）从对方的人品或性格着手，最好是夸赞他过去成功的事迹。

（2）赞美女性身上的衣饰物，胜过抽象的风度、气质。

（3）说“真心话”，胡说八道称赞会误事的，赞美要真诚，绝不可虚伪。

（4）赞美应结合亲切关注的眼神和适当的肢体语言。

（5）与其赞美对方司空见惯的优点，倒不如称赞对方小而可取之处。

（6）夸张的赞美词，会使人感到愚弄，委婉贴切的话语常使人回味无穷。

（7）得体的赞美和间接式的赞美也常令人喜不自禁。

出自肺腑的赞美，总是能产生意想不到的奇效。人一旦被认可其价值，总是喜不自胜。因此作为一个推销员，必须经常以找出对方的价值为首要任务。这样便会使推销在友好、和谐的气氛中形成高潮。时刻不忘对方的价值诉述，还要设法使对方觉得那价值有了新的认识，从中创造出崭新的他。这样，你就等于扮演了鼓励他、帮助他的角色，对方对你的好感就会越来越强烈。赞美的内容有多种多样，外表、衣着、谈吐、气质、工作、地位，以及能力、性格、品格，等等。只要恰到好处，对方的任何方面都可以成为赞美的内容。

要想成为推销高手，就一定去找出客户的优点并告诉他们。每个人都有自己的优点，也有不足的地方，一个事业上不成功的人，可能是一位热心人，一位有爱心有责任感的父亲；一个地位不高的人，可能是一个非常能干的师傅，或某一方面的专家，尽量地找出别人特别的地方并在适当的场合下，以适当的方式告诉他。

## 面对敏感虚荣的女性怎样说

女性往往习惯到非现实的世界里去寻找在现实中自己所无法满足的希望，推销员只要将话说得好听，不必去管到底合不合理。

但是，近年来女性有越来越讲究实际的倾向，最好是能在谈话之中先试探看看对方到底是属于哪一类的人。

每一个人都具有自己认为优越的部分，同时也有自己觉得低劣的部分，尤其是女性，对于别人提及后者时总是特别敏感。

以女性为对象的推销员在这方面也得特别敏感，而且必须不断地注意客人表情上微妙的变化。

如果在谈话的当中，突然沉默了起来，或者感到对方好像一直想要改变话题，推销员必须立刻停止这个话题，因为这可能触发了客户的劣等感。

而且推销员要找出女性具有优越感的地方，加以强烈的刺激，让客户在商谈中获得优越感的满足。

倘若非触及对方有劣等感的部分不可时，应该要非常用心，装作毫不在意地谈下去。

## 什么大实话绝对不能说

实话不实说并不是虚伪，话是说给他人听的，你的话可以使他心情舒畅，也可以使他情绪一落千丈。使人心情舒畅于己于人都有好处，何乐而不为呢?

实话不实说并不是要你不讲实话，并不是要你以次充好去欺骗客户，它只限于你推销的产品以外的东西，对你的产品你必须实话实说。

如果你是一名服装推销员，有一位客户走进了你的店门，你发现他身上穿着一件很旧的外套，你就想卖给他一件新外套，看着他身上的破旧外套，你心里一定在想："这人怎么还穿这种破衣服?这还是好几年以前流行的款式，他居然穿了这么些年，这衣服早该当抹布使了。"你心里这样想，但嘴上不能这样说，如果你实话实说，那你离"优秀推销员"这一称号就相差太远了。

马先生的车已经用了十几年了，最近有不少推销员向他推销各式车子，他们总是说："您的车太破了，开这样的破车很容易出车祸的。"或者说："您这破车三天两头就得修理，修理费太多了。"马先生却执意不买。

有一天，一位中年推销员又向马先生推销，他说："您的车还可以再用几年，换了新车太可惜。不过，一辆车能够行驶12万公里，您开车的技术的确高人一筹。”这句话使马先生觉得很开心，他即刻买下了一辆新车。

有时，客户会自己说自己的东西不好，比如说：“这辆车太破，想买辆新车。”这时你也不能跟着附和：“你这车确实够破了，早该换辆新车。”特别是在谈及孩子时，当客户说他的孩子太淘气时，你若顺着他的话说：“是够淘气的，”那你就休想他们买你的产品，你可以说：“聪明的孩子都淘气。”

## 推销员一次提出多个问题的糟糕范例

如果推销员一个又一个地提出问题，就会打断客户，让客户因为感到有压力而忘记前面提出的问题。

下面就是推销员一次提出多问题的范例。

“××先生，我想向你请教一些问题：贵公司成立多长时间了？贵公司主要生产什么产品？贵公司的主要竞争对手是谁呢？贵公司在这个行业中是否遇到过某些难题？贵公司对我们产品究竟了解多少？你知道我们公司的产品曾经帮助过多少其他类似于贵公司的公司吗？”

一次问多个问题是很大的错误，因为没有人可以记清楚每一件事。有时候客户会选择他想要回答的问题，而忽略其他问题。唯一适合把两个问题一起提出的时机，是当你不确定要采取哪一个方向，但又不想漏失任何一个时机。

## 使用关键词语的4种方法

如果你发现客户在重复他自己说过的话，那么很可能因为他觉得你没有听懂他所讲的意思。这时你要把他说过的关键词语再重复一遍，以此来表明你已经明白了。

那么我们该如何使用关键词语呢？以下4种方法可以助你一臂之力。

1.使用客户的名字。这样做可以起到吸引注意力和尊重的作用，同时也是一种有力的沟通方式。

2.使用通俗易懂的词语。说话的目的是为了表达而不是炫耀。要避免使和各种行业术语、陈腐词语和可能引起客户误解的词语。如果必须使用行业术语时，一定要向客户讲清楚其确切含义。

3.使用“我们”和“我们的”。说话开始时用“我”和“你”，然后要在一同工作。这种简单易行的方法可以使你在客户的眼里，成为一个面临相似局面和难题的同伴。使用这些词语可以立即给你自己树立起一个非常合作配合的形象。

4.重复客户已说过的重要词语，以此来表明你已经听懂了他们想表达的意图。

下面我们来举一个例子。

你把一项工作交给了下属去办，下属遇到了问题来找你求助。

这时你要以这样问他：“你觉得可能有哪些解决方法？”当下属说出一些办法，你可以问他自己觉得哪种方法最可行。

当最后只剩下一、二种方法的时间时，你可以说：“行了，我们用这些方法基本上就可以解决问题了。如果我们要想按照原有预算按时完成这项工作，你觉得我们还需要做些什么？”

这样你既帮助客户分析清楚了面临的问题，又提出解决问题的可行办法。在这个过程中你可以做过一些引导和启发性的工作，但是却寻找解决问题的办法依然是下属自己的责任。

## 如何掌控客户购买的AIDCA原理

如何有效进行说明？为了了解客户需求，把产品推销出去，你得懂得客户购买AIDCA五阶段原理。

客户决定购买产品时，通常会经历五个阶段：（1）注意（Attention）；（2）兴趣（Interest）；（3）渴望（Desire）；（4）说服（Conviction）；（5）行动（Aciton）。这五个阶段称为AIDCA。

有创意的人员，能辨认每一个阶段的不同特性，也以利用这五个过程引导客户购买。

第一个阶段，是引起客户正面的注意。为了吸引客户注意力，提出一个令人觉得不安的问题，最容易使准客户产生燃眉之急。你不妨在会谈之初就对准客户说："对你来说，'健康'值多少钱呢？"或者："王小姐，你想不想明年比今年更年轻呢？"这些问题能够创造神秘气氛，引起对方的好奇，保证让准客户洗耳恭听你所说的每一句话。

第二阶段，是唤起客户的兴趣。你可以运用有关产品的新闻报道的剪贴、彩色目录、电视节目剪辑、亲手制作的推销手册等资料，强调产品的特性和利益，甚至指出你的产品和竞争者的差异点，使对方产生探究的欲望。当然，在推销前几分钟，向客户细述产品故事，也是唤起客户兴趣的好方法。

第三个阶段，是要刺激准客户产生购买的欲望。如何点燃客户的购买欲望？首先要让对方了解他所欠缺的东西，其次是让对方相信，你的义务是要满足其欠缺，最后，利用生动的推销说明，让对方知道你有能力满足他欠缺的东西。

第四个阶段是说服阶段。

产品说明能打客户的心，客户很快就会转到被说服阶段。不妨运用以下几个技巧来提高你的说服力：（1）让客户了解物超所值；（2）强调我们的产品功能、效益胜过竞争产品；（3）提供让客户满意的见证、感谢函；（4）提供确切可靠的保证。如无效退款等；（5）举证广大欢迎的程度，最好用数据来证明。

第五个阶段是行动。客户被你说服，且没有任何异议，就会决定购买。

为了让客户下定决心完成交易，你必须先引起他的注意、兴趣，点燃欲望之火，让他相信你所说的每一句话。

# 保持良好客户关系的有效方式

## 自我介绍中的恋乡情结效应

恋乡是每个客居在外的人的一种情结，家乡的一草一木，风土人情在他们眼中历历在目，当有人谈起他的家乡时，他会兴奋不已，立即对你产生好感。

当你问对方：“你的出生地是哪里？”只要对方回答：“××”的话，就可接着说：“那个地方不错，我曾经去过那里。”一旦出现关于故乡的话题，在不知不觉中，便于工作牵扯出许多其他的话题。

在做自我介绍的时候，谈论自己的出生地，是让对方记住你最有效的方法之一。

一般人在了解对方时，不会以“贵族或是平民”来作明显的区分。唯一可凸显个人生长环境的是出生地。听到出生地是“内蒙古”时，能让人联想到大碗喝酒、骑马等男子豪爽气概；而听到“出生地是海南”时，就会想到“椰子”。

正因如此，出生地成为形成印象的重要因素。

那么该如何来介绍出生地呢？

巧妙地运用出生地的方法，就是在自我介绍中，提及有关出生地的气候、风土、文化以及区域的历史与人物。

例如这样的自我介绍：

“我是湖南人。提到湖南人的特征就是勤奋耐劳，做事谨慎。另一方面，爱吃辣椒，是毛主席的故乡。”

这就是借出生地的特征，来充分表达自我个性的方法。穿插叙述出生地特征的介绍方法是非常有效的。

另外，也可以谈谈地区性的风土民情、特产和消费习惯等。

“我是广东人。广东的荔枝，可以说是享誉全国，还记得杨贵妃与荔枝的诗吗？”

## 如何创造更多的共鸣区域

因是初次见面，对方又安静寡言，交谈始终无法有太多亲和感，直到突然发现两人是同乡，交谈的话题才多了起来，气氛也会热烈许多，双方变得好像是认识很久的老朋友。因为来自同一个“故乡”，有助彼此敞开心胸，这在心理学上，称之为“共鸣区域”。

彼此有了共鸣区域，就会快速地变得亲密。

制造共鸣区域，可从故乡、学校、血型、出生年月日、兴趣等“事实关系”中寻找根源；或是从电影及连续剧的感情、喜欢的料理等“心理层面”中开创关系。如果她说：“我最喜欢××牌的戒指。”而你回答说：“是这样吗？”这是不够的。如果稍有这方面知识的话，应说：“××也做戒指，我对那个品牌相当有兴趣。”强调彼此共同的兴趣，就算真的没什么兴趣也无所谓，目的只为了和对方的人际关系更好，彼此更亲密。

当对方说：“舞星迈克·杰克逊好棒！”就算你不太喜欢，也要配合对方说：“是的，他的舞跳得特别棒，浑身充满动感，真是一位舞蹈天才。而且他也很努力！”这样会比较好，至少不是唱反调。如果你要借此展开话题，你不妨巧妙地说：“你是什么时候接触到杰克逊舞蹈的。”如果你不熟悉舞星，那还有球星、歌星等，总之你可以想法附和对方。

但是，需要注意的是，就算彼此有共同点，也无需特地去强调。

为了增加效果，创造两人所拥有的共鸣区域，可让对方惊喜地说道：“真是巧合！”异性朋友特别容易相信命运，如果说两人相见是命中注定的，会让对方惊喜地说：“真是巧合呢！”

比如说你突然接到一位许久没有联络的客户打来的电话，你心里暗自惭愧。心想，好久没跟客户打电话了，反而让客户亲自打电话来给你，自己的服务根本没做好。这时你可以利用“共鸣法则”来打破尴尬的局面。“××总，您看，真是心有灵犀一点通，好朋友的潜意识是相通的，我今天上午还说要给您打电话，不想您马上就打过来啦。”“谢谢这种心灵感应，使得我们的关系这么好。”

## 如何面对彬彬有礼的客户

有的客户对于任何人都很有礼貌，对任何人都很热心，对任何人都没有偏见，不存在怀疑的问题。对推销员的话总是洗耳恭听，从不插嘴。这种客户使人觉得比较拘泥于礼貌形式，有时看起来有点傻，有时就像木偶，对这种客户不能伤害他们的自尊心。

这类客户对于别人的夸夸其谈或真才实学都比较羡慕，从来也不欺骗别人，对于别人的欺骗也不计较，总以为别人欺骗他是不得已而为之。

这类客户对于强硬态度或逼迫态度比较反感，他们从不吃这一套，在这方面有一种固执态度，你让他向东，他偏向西，反正与这些强硬态度的人做对，不给他们好脸看。

这类客户也不喜欢别人拍马屁奉承他。他们对于那些彬彬有礼的知识分子特别看重，他敬佩这些人，羡慕他们，时不时地模仿他们。

对付这类客户，抓住他们的心理就容易了。他们也是一批好客户。他们总会对推销员说一句：“你真了不起。”不要以为他们是在奉承你，其实这是真心的，他们佩服有才学的人，佩服勤劳自立的人。

对他们不要刻意讨他们喜欢，只要表现出自己的热情、真诚就可以把他们吸引住，要诚心以待，对他们要彬彬有礼，并对自己的产品充满自信，还详细说明产品的优点，这样他们就不会说什么了。

对于这类客户，最重要的是别施加压力，只能以柔取胜。

## 如何面对疑心重重的客户

有的客户由于不信任别人，所以很狡诈。其实，大多数多疑的人是由于他们都有做贼心虚的一种反应。所以，这类多疑的客户中有一些狡猾心狠的人物，他们做生意可能就是厚着脸皮，黑着心肠来欺骗别人，否则就不会怀疑别人欺骗他了。

对付这类客户关键就在于消除他们的多疑性，而对于这类客户来说，在这方面很可能是根深蒂固的，很难消除的顽固分子。对付他们就该以亲切、热忱的态度给他进行推销说明，不要与他争辩，只以沉着的态度与他交谈，尽量装出与他交朋友的态度，并且要仔细观察他，研究他的心理变化，要随着他的心理变化而改变对他的态度。对于他要心平气和，这样成交率才可能大一些。

对付这类客户的方法有两种：一是对他施以强硬态度；二是设诱饵。

第一种方法就是要对他施加些压力，否则，如你装着一种奴才相，一旦一言不合，他就会拂袖而去，所以还是施加压力好，使他心里发虚，迫使他成交。

第二种方法就是把自己装做什么也不懂，是好欺负的人，以此引诱他，然后反败为胜。

## 如何面对性格淡漠的客户

有些客户虽不多说话，但颇有心计，做事非常细心，并且对自己的事都有主见，不为他人的语言所左右，特别是涉及他的利益的时候更是如此。

这类客户表面看起来都很冷淡，有一种对一切都不在乎的神态，使人无法与之亲近，其实他的内心却是火热的，你只要能与之交朋友，他会把生命的一切都给你。

这类客户看起来有一种让人感到冷的感觉，对于推销员不在乎，对于推销的产品也不重视.甚至推销员在进行产品介绍说明时，他也不说一句话，没有什么表情变化，冷冷淡淡的，其实他在用心听，在仔细考虑，只不过不表现在脸上和话语中，而是在他的脑子里。

这类客户不提问题就罢，一提就会提出一个很实在并且很令人头痛的问题。这时推销员就不能蒙混过去，而且绝对骗不了他。如果你解决不了他的问题，他就会立即停止谈交易，因为他们本身就惜话如金。所以推销员要小心地为他解决问题，要抓住问题的关键所在，只要解答了他的问题，这类客户就会立即要求开订货单，使交易成功。

对付这类客户，首先在进行推销说明时，要小心谨慎，说得全面一点，绝不可大意，并且要表现出你的诚恳，好像是你在问他问题。介绍完之后，客户会进行一段思考，这时推销员要闭嘴，等客户抬起头之后，他会问一些问题，这时你再回答。从这些问题中，你就可知他的购买欲如果很大，你就可说些产品的优点，使他对产品产生更大的兴趣，这样达成交易的可能就大了。

## 如何面对精明能干的客户

有些客户比较精明，并且都有一定的知识水平，也就是说文化素质比较高，能够比较冷静地思索，沉着地观察推销员。他们能从推销员的言行举止中发现端倪和真诚，他们就像一个有才能的观众在看戏一样，演员稍有一丝错误都逃不过他们的眼睛。他们的眼里看起来空荡荡的，有时能发出一种冷光，这种客户总给推销员一种压抑感。

这种客户讨厌虚伪和造作，他们希望有人能够了解他们，这就是推销员所应攻击的目标。他们大都很冷漠、严肃，虽然与推销员见面后也寒暄，打招呼，但看起来都冷冰冰的，没有一丝热气，没有一丝春风。

他们对推销员持一种怀疑的态度。当推销员进行产品介绍说明时，他看起来好像心不在焉，其实他们在认真地听，认真地观察推销员的举动，在思索这些说明的可信度。同时他们也在思考推销员是否是真诚、热心的，有没有对他捣鬼，这个推销员值不值得信任。

这些客户对他们自己的判断都比较自信，他们一旦确定推销员的可信度后，也就确定了交易的成败，也就是说，推销给这些客户的不是产品而是推销员自己。如果客户认为你对他真诚，可以与他交朋友，他们就会把整个心都给你，这交易也就成功了；但如果他们确认你造作，他们就会看不起你，会立即打断你，并且下逐客令把你赶走，没有丝毫的商量余地。

这类客户大都判断正确，即使有些推销员有些胆怯，但很诚恳、热心，他们也会与你成交的。

对付这类客户有两种方法：一是在某一方面与之产生共鸣，使他佩服你，成为知己朋友，他们对于朋友都是很慷慨的。二就是实打实地来，该是几就是几，对其真诚、热心，产品质量好、自信，使之无话可说，对你产生信任。

## 如何面对自以为是的客户

自傲的客户都爱夸夸其谈，喜欢吹牛，自己认为什么都懂，别人还没说出自己的观点，他就打断人家说自己知道。

这些客户常常炫耀自己对推销员总是这样说："你们这些业务，我都清楚。""我和你们公司总经理是老朋友。""我以前见过你们这些推销员，他们一个个都从我这儿逃走了，被我说得哼哼哈哈的。"好一阵炫耀，让人听了都有些反感。

不过，这些客户有一个最大的优点，那就是毫不遮掩，心里有什么就说什么，巴不得拿一本专业书来给你读，"看，我这些都懂。"你如果探询什么信息，就可来找这些客户，他们一定会炫耀给你，但你千万别告诉他什么秘密消息，否则就没什么秘密啦。所以对于这些客户即使不成交，也千万别得罪他，留待将来探询信息用。

由于这类客户比较善于表现自己，你就必须在与他交谈时，尽量显示自己的专业知识，使他对你产生敬佩，使他服你，这样他就会对你产生信任，并且交易成功率也就很大。

还有一种方法，就是根据他自夸的心理，抓住他说的话，然后攻击他，使他进入你所设的陷阱中，他为了顾全面子，会硬撑着与你成交的。

你就可以这样对他说："先生，对于我们的产品，我就不说什么啦，您都知道了，对于它的优点您就更熟悉了，对于我们的业务您再熟悉不过了，您需要买多少呢？"

这样一说，由于前面的话是他说的，他不能否定，所以他为了顾全面子，就必须与你成交，否则就会使他尴尬，痛失面子的。甚至他连一个理由都不能说，否则他就是一个出尔反尔的人。

见到这种客户，不要一见他对你的业务都很熟悉，你就胆怯，就不与他说你的专业知识，其实他们只不过是挖空心思在你面前炫耀罢了。他们都是纸老虎，你若怕了，他们就更凶，就会看不起你，就不可能与你成交了，即使与你成交，他们也觉得那是他们对你的施舍。

## 保持良好客户关系的有效方式

要善于选择客户、衡量客户的购买意愿与能力，不要将时间浪费在犹豫不决的人身上。

如果你花费大半的推销时间去拼命寻找新的客户，那就忽视了一个最简单的道理。大多数情况下，你的现有客户最有可能是你下次的推销对象。应该关心他们，善待他们。他们很可能是你生意的最大资产。努力跟他们搞好关系，你可以把你的一次性客户变成老客户，随机性的推销变成重复订单。据估计，在很多产业中，赢得一个新客户比维系一名现有客户要多费5倍的时间；一个不满的客户平均向4~5个人诉说你的不是；而一个满意的客户只会对一个人称赞你的良好服务。所以原则很简单：照顾好现有客户，即省钱又增加利润。

定期给重要客户送去他们感兴趣的与生意有关的简报，这是保持良好的客户关系的一个有效办法。你也可以附上一张类似这样的简短的手写字条："我怕你万一错过了这一机会，估计你会对此感兴趣。"这样做不仅表明你对他们的生意有浓厚的个人兴趣，而且会让他们时时把你的名字挂在嘴边。

如果你真想给一个有潜力的或是重要的现有客户留下深刻印象，工作可以再深入一步。通过各种媒体，你可以获取主要新闻刊物的系统性总结。这些新闻刊物可能涉及某一产业、公司或具体人士。而你所掌握的信息可用来：

（1）使你能够了解客户关心的内容；

（2）证实你对他们的生意有浓厚、透彻的兴趣；

（3）甚至使自己成为与他们相关领域的专家，为他们提供一系列的总结和关于他们产业的评论。

# 销售灵活应变的案例剖析

## 保险推销员消除价格异议的话术

有的人吃一碗面也要砍价，砍价成为他生活中不可或缺的一部分。对于一件产品无论贵与不贵，他都会说："这太贵了。"

对付这种金钱哲学的人应在不伤对方自尊心的情况下，找机会妥协。比如可以对他说："我干了这么多年的推销，还没有开出过这么低的价格。您真是难为我。"以此让他觉得占了便宜。

一段关于推销保险的对话：

客户："太贵了吧？"

推销员："怎么会呢？一个月只要300块钱，就可享有300万的保障，而且60岁以后，每3年还可以回3万奖金。"

客户："要领回那些钱，我不如在银行开户头，按月把钱存进去，利息还多一点！"

推销员："您说的没错，在利息方面，买保险的确比不上定额储蓄，但储蓄是付出多少钱就拿回多少数目，不可能像保险一样从缴第一次保险费3 000多元开始享有近300万的保障。在这一点上，储蓄是绝对比不上的。"

"您嫌它贵，其实是您还没有真正了解到保险的真谛，所以才觉得没必要买，不值得一买，请问您有没有医保？有，对不对，万一您要是没有医保的话，您是不是会觉得不安？其实医保也是保险的一种，不过其他部分保障并不够，所以，我们必须得通过购买人寿保险来补足不够的部分。"

"再从孩子的营养来讲，您绝对不会因为肉太贵就不买，只叫孩子吃青菜吧！为了孩子营养能够均衡，再贵都舍得，同样的，买保险也是为了孩子，为了让孩子永远有饭吃，鱼肉青菜样样不缺，让孩子能快快乐乐地念书长大成人，不要于嫌贵了！贵有贵的理由。"

推销员如果这样回应客户价格方面的拒绝，推销活动就容易继续进行了。

## 推销员如何将化妆品卖给没钱的女主人

在大部分时候，人们只会买他们真正想要的。作为一位推销顾问，你有责任以正当的态度把好的产品和服务卖给客户，如此客户才会向你购买，况且提供别人好的机会就是给自己创造机会。

有一个推销员上门推销化妆品，女主人很客气地拒绝了。

“不好意思，我们目前没有钱，等我有钱再买，你看行不行？”

但这位推销员看到女主人怀里抱着一条名贵的狗，计上心来。

“您这小狗真可爱，一看就知道是很名贵的狗。”

“是呀！”

“您一定在它身上花了解少钱和精力。”

“没错。”女主人眉飞色舞地向推销员介绍她为这条狗所花费的钱和精力。

“那当然，这不是一般阶层能做到的。就像这化妆品，价钱比较贵，所以使用它的女士都是高收入、高档次的。”

一句话说得女主人心花怒放，再也不以没钱为借口，反而非常高兴地买下了一套化妆品。

看了这个例子以后，你一定会有所启发。钱确实是非常实在的东西，没钱就没有办法买所需要的东西，所以许多推销员在“没钱”面前败下阵来，其实他们放过了放过了许多成功的机会。

应该记住，从客户口中所说出的“没钱”是极富有弹性的，很可能是一种借口。

事实上，钱变不出来可以凑出来，关键在于客户是否真的决定要买。正因为钱在买卖中起了关键作用，所以客户想拒绝的时候，“没钱”便是最好的挡箭牌，但这对有经验的推销员来说并不能起多大的作用，他照样让客户掏腰包。

还有一些针对“没钱，买不起”的处理反对意见话术：

“所以嘛！我才劝您用这种产品来赚钱。”

“所以嘛！我才推荐您用这种产品来省钱。”

## 原一平怎样向挠头客户推荐保险

有一位著名的棒球运动员，无论是在运动场上，还是保险公司推销员的眼里，他都是一个难于攻破的堡垒，因为他对保险、投保之类的事，根本不感兴趣。

原一平却攻破了这个难关。他没唱那些令人生厌的老调，也没对保险好处进行宣传，而是对棒球运动表现出极大的兴趣，洗耳恭听对方大谈棒球。他的倾听，他的插话，他的问题以及他的简短的议论，都给这位职业球手留下了深刻的印象。

在一个适当的时候，原一平向球手提出了一个关键的问题：“您对贵队的另一位投手××的评价如何？”

“××，正是有了他，我才能放手投球的，因为他是我的坚强后盾和依靠，万一我的竞技状态不佳，他可以压阵。”

“请原谅我打个比方，您想到没有，如果把您的家庭比作一个球队，您家里也应该有××。”

“××是谁？”

“就是您。”原一平话题一转，“您想想，您的太太和两个孩子之所以可以‘放手投球’，换句话说，能无忧无虑地幸福生活，就是因为有了您，您是他们的坚强后盾和幸福的保证，所以您好比是他们的××。”

“您的意思是……”

“请原谅我的直率，我是说人有旦夕祸福，万一您有个不测，我们就可以帮您，帮您的太太和孩子一下。这样您就可以放心地驰骋球场，无须后顾之忧。所以，从这种意义上说，我们也是您的××。”

至此，那位棒球运动员才想起原一平的身份，然而他已经被感动了，因为原一平形象的比喻使他深刻地领会了他的人身保险与他家庭幸福的关系，这场生意当场就成交了。

利用生动而切合客户心理，使客户容易理解的比喻来说服客户，远比一通客户不愿听而又听不懂的长篇大论有效。

## 小产品推销员的收回承诺推销法

有些客户对砍价的行为一再地坚持，他所表现出来的坚决，连推销员都会甘拜下风。然而，收回承诺策略能使客户最后还是得接受推销员涨价了之后的价格，而且还感觉自己占了便宜。

推销员杰克逊向客户推销一批小产品。刚开始时，他给客户的报价是每个3.60元，客户讨价还价为3.50元。这样反反复复谈了很长时间，最后杰克逊表示：“3.55元，不能再低了。

然而客户却想：从3.60元降到3.55元，要是我继续坚持，压到3.52元应该没问题。于是，他就对杰克逊说：“不用说你也知道，现在市场竞争这么激烈，和你同类型的产品到处都是，你们的生意也不容易做，我也不能贪得无厌。这样吧，每个3.52元，你让一步我也让一步，咱们俩就别再消磨时间了。有这时间和功夫你都可以再去做成好几单生意了。怎么样？我可是真心实意的，就看你的诚意了。"

杰克逊心里想：我要是答应了他的这个报价，很有可能又会引来下一轮的讨价还价，谁敢保证他不是在试探我呢？

毕竟杰克逊经历过的交易非常多了，所以他并没有立刻答应客户的报价，而是对客户说："你的这个报价，我现在不能马上答应你，得去问一问我们经理，和他商量一下，才能决定。"说完他就走进了后面的经理办公室。

很快，杰克逊就回来了，脸上露出了一副很为难的表情："非常对不起！刚才我犯了一个错误，经理告诉我，这种产品由于采用了最新工艺，所以成本要比其他同类型的产品高，我刚才说的3.55元那是采用新工艺之前的价格，如今的单价最低也要3.65元了。实在很抱歉，你看由于我的疏忽，犯了这么大的错误！"

"你说什么呢？你也别道歉了，浪费了我这么长时间，你必须给我个交代呀。我不懂什么新工艺旧工艺，总之就按你刚才说的价钱，每个3.60元，我也不跟你多说了，以后咱们合作的机会还多着呢。这样吧，一手交钱，一手交货！"客户脸上挂满了不悦。

考虑了一会儿，杰克逊才假装很犯难地答应了客户的要求。客户则自以为跟杰克逊打了一场漂亮的"攻坚战"，于是交了货款提了货之后，便不动声色地离开了。

收回承诺策略，目的就是造成客户的一种紧迫感，觉得应该快点把东西购买下来，否则就会吃亏。在推销中，推销高手会经常用到一些本质上属于“收回承诺策略”的推销手法，例如“提出更多要求”“故意冷淡”和“虚张声势”等。

## 灵骨塔推销员的再续前缘推销经

在推销过程中，推销员经常会遇到客户拒绝甚至很不友好的情况，这时候，优秀的推销员往往懂得说一些得体到位的话，从而激发起客户的购买欲望。

李琳是一名卖灵骨塔的推销员。有一天，她去拜访一对退休在家的老夫妇。这对老夫妇一直都身体健康，无病无痛，所以根本就没有考虑过自己过世后的事。

当李琳一说到灵骨塔的事，两位老人家就直摇头，口气很不友好地说：“你来这里说这些干吗？是想咒我们老两口吗？这也太不吉利啦，我们现在根本就不需要！”

李琳并没有因被老两口责骂而退缩，反而微笑着说：“这个灵骨塔的位置是本地环境最优美的地方之一，有高山、流水、树林、阳光，风水非常好。有许多三四十岁的中年人都买了。你们两位辛苦了一辈子，为儿女操劳了一辈子，我相信你们一定希望百年之后有一处栖身之所，而这里应该就是一个非常好的选择；再加上目前灵骨塔价格低廉，非常畅销，所以我们公司决定从后天起暂停优惠促销，并在现价的基础上涨价二成，目前所剩的塔位也不多了，机会真的很难得，希望你们考虑一下，不要错过。”

两位老人对李琳保持着爱理不理的态度，任凭李琳说什么，他俩都一言不发，只是听着，而且脸色都非常凝重。

李琳看到老两口都不说话，为避免场面陷入沉默和尴尬之中，于是继续说道：“我们公司还推出了一个方案，叫‘天长地久，永不分离！’我想这是许多恩爱夫妻的愿望。生的时候在一起，死了以后也要在一起，而且这样还可以享受八折优惠。如今不少上了年纪的人，都希望能先将自己的身后事处理好，一来不用让晚辈们操心，也不用担心会不会因为家产问题处理不当，而使自己无法安心地走；二来更可以依自己喜欢的方式处理后事，选择跟心爱的另一半再续前缘。有很多人都认为，这种方案考虑得很周到。”

李琳说到这里，两位老人终于被说得心动了。最后，二老买下了两个相邻的塔位。

很多时候，人们习惯于旧有的观念，以至于不能适时地认知、理解问题和接受新观念。案例中的推销员李琳，正是着眼于发现这一问题的基础上，合情合理地引导和说服老夫妻，使其了解产品的内容与意义，更进一步挖掘出他们潜在的购买欲，从而促成推销，拿下订单的。

## 游戏软件推销员的成交案例

会说话的推销员懂得说话的重要，甚至还善于在推销时安排好讲解的顺序，这样不仅可以把话说到点子上，而且还让所说的话听起来合情合理，逻辑性强，从而激发出客户的购买欲望，采取购买行动。

游戏软件推销员邵先生对客户说：“您的孩子快上小学了吧？”

客户愣了一下说：“对呀。”

邵先生继续说：“孩子在小学阶段是最需要开发智力的时候。我这里有一些游戏软件，对您孩子的智力提升非常有效。我想，您一定希望您孩子的智力超人一等吧！”

客户：“我儿子不需要什么游戏软件，他都快上小学了，谁还玩这些东西？难道你没有听说过‘玩物丧志’这个词吗？”

邵先生：“我们推出的这个游戏软件是专门为小学生设计的，它是把数学和英语学习综合在一起的一款智力游戏，绝不是一般的游戏软件，其主要目的是提升游戏者的数学和英语能力。”

听到邵先生的这番介绍，客户开始犹豫了。邵先生看到客户有些心动了，于是继续说道：“现在是一个知识爆炸的时代，不再像过去那样光从书本上学习知识，现代的知识需要通过现代的模式学习。事实上，游戏软件已经成为孩子学习的重要工具了。”邵先生边说边从包里取出了一个游戏软件递给客户：“这就是我说的游戏软件，不如让我们一起来看看内容吧？”

很快，客户便被邵先生推荐的游戏软件的内容给吸引住了。

邵先生又说：“现在的孩子真命好，家长为了孩子们能够全面发展，成龙成凤，往往不惜代价。我今天拜访了好几位家长，他们都买了这款游戏软件。因为他们也觉得这款游戏能帮得上孩子学习，他们还要求我一有新的产品就要马上告诉他们呢。”

最后，客户很高兴地买下了这套游戏软件，而且后来还跟邵先生成了好朋友。

成功的推销员非常清楚客户心里想要的是什么，因此总能把话说到点子上，说到客户的心坎里。

## 房地产推销员的声东击西招数

先挑起客户对你的产品的兴趣，接着告诉他这种东西已经被别人订走了，请他换别的产品，又或者告诉他，你会尽量想办法帮他买到。

推销高手弗兰克是一位房地产推销员，他手上有甲、乙两座房子待售。此时，他最想卖出甲房子。当然，他不会随意推销，而是准备使用“声东击西”的策略，让客户迅速下订单。

他在跟客户斯隆交谈时是这样说的：“您看这两座房子怎么样，现在甲房子已经在前两天被人看中了，要我替他留着，因此您还是看看乙房子吧，其实它也非常不错！”

斯隆当然是甲乙两座房子都要去看的，而弗兰克对他说的话，给他心里留下了深刻的印象，让他产生了一种“甲房子已经被人认购了，肯定更不错”的感觉，于是在这种心理暗示的作用下，他越来越觉得乙房子肯定不如甲房子，尤其是看完了两所房子后，他更是肯定了自己的看法，希望能购买甲房子，但弗兰克并没有立即答应。最后，斯隆带着几分遗憾准备告别。在临走前，弗兰克对斯隆说：“您如果真的喜欢甲房子，我一定会想办法看看还有没有可能卖给您，您后天下午给我打电话好吗？”

第三天下午，斯隆果然来电话询问房子的事情，弗兰克用略带兴奋的口吻对斯隆说道：“好消息！您现在可能能买到甲房子了，你真是很幸运，正巧上回订购甲房子的客户目前资金一时周转不过来，所以我劝他不如暂缓购房，我那天答应过您要想办法帮你争取到这所房子的，感谢上帝，现在房子的主人很可能就是您了！”

听到这里，斯隆当然也很庆幸自己有机会买到甲房子，现在自己想要的东西送上门来了，眼下不买更待何时？因此，买卖甲房子的交易很快便达成了。

让客户产生捡了便宜的感觉，才是到位的推销！推销高手弗兰克利用“声东击西”的策略，成功地把握住了客户斯隆的心理，通过把客户斯隆的注意力吸引到甲房子上，同时又给了他一个遗憾，从而刺激起了他对甲房子更强的占有欲，后来再给他一个“失而复得”的机会，最后很轻松地就让客户高高兴兴地买下了甲房子。

## 婴儿用品凭什么进入大型商场

从客户的兴趣爱好入手，先和客户成为好朋友，再做生意，这样你想卖出什么都变得轻而易举了。实际上，这是一条稳拿订单的“必杀技”。

婴儿用品推销员威尔，很想在一家大型商场里举办一次婴儿用品促销活动。然而，他已经提出拜访商场主管八次了，眼看着距离自己预期的活动时间已越来越近，但商场主管还是没有理会自己，并且拒绝见他。

万不得已之下，威尔只能寻求其他的接近商场主管的办法。经过多方打听，威尔得知这位主管是个超级篮球迷，并且还是凯尔特人队的忠实球迷。于是，威尔通过商场主管的秘书，递了一张纸条给主管：“下周的比赛，肯定是马刺队大胜凯尔特人队。”

没曾想，五分钟不到，商场主管就让秘书请他进其办公室。

威尔一进门，商场主管就对他嚷道：“马刺队怎么可能会赢！我认为一定是凯尔特人队大胜马刺队。”

威尔听主管讲完后，才说出自己的见解，并且认为凯尔特人队下周肯定赢不了马刺队。

主管听得非常认真，兴致勃勃。这个时候，他们根本就没有谈促销的事情。在谈了两个多小时之后，威尔才起身告辞，并且拿出了一张门票递给主管说：“票就在这里，抽个空，我们一起去看看这场比赛，看谁的预测准确，你认为意下如何？”

商场主管很高兴地收下了门票，并且还一个劲地坚持自己的判断肯定不会错。

临出门时，手上拿着威尔送的门票的商场主管忽然对威尔说：“听说你准备在我的商场里举办婴儿用品促销活动？这样吧，我们一起好好策划策划。弄完了这事以后，我们再一起去看球赛，我要你和我亲眼看见我的凯尔特人队是如何狂胜你的马刺队的！”

很快，这次的婴儿用品促销活动圆满举办。威尔和主管也成了很要好的朋友。

对于任何一位推销员来说，要想持续地从客户那里拿到订单，就必须先和客户成为朋友。想多拿订单，就必须多花些心思去了解客户的爱好和兴趣。当你在这上面找到了切入点，你就能和客户成为朋友。当你和客户建立起了相互珍惜的好朋友关系后，你的生意就会很好做，订单就会很好拿。